Manipulation:

Manipulationstechniken verstehen und anwenden. Wie Sie Menschen im Alltag zu Ihren Gunsten manipulieren und sich selbst vor Manipulation schützen

Christian Wieler

Inhaltsverzeichnis

Einleitung

Haben Sie es auch schon einmal erlebt, dass Sie sich zu etwas überreden ließen, was Sie nicht wirklich wollten? Sie haben plötzlich einen unglaublich teuren Staubsauger gekauft oder eine Lebensversicherung abgeschlossen, die Sie gar nicht brauchen? Sie fahren mit Ihrem Partner an die See, obwohl Sie lieber in die Berge wollen?

Wenn Ihnen solche Situationen bekannt vorkommen und Sie etwas gegen Ihren eigentlichen Willen tun, dann hat man Sie sehr wahrscheinlich erfolgreich manipuliert. Wir alle werden jeden Tag manipuliert und wir alle versuchen jeden Tag andere Menschen zu manipulieren, um sie unseren Wünschen gefügig zu machen. Wir alle beginnen schon von klein auf damit, Menschen zu manipulieren. Schon kleine Kinder versuchen ihre Eltern zu beeinflussen, damit diese zum Beispiel im Supermarkt Süßigkeiten kaufen, die sie eigentlich nicht kaufen wollen. Die Eltern unter den Lesern werden wissen, wie häufig Kinder damit erfolgreich sind.

Auch, wenn das Manipulieren von Menschen in keinem besonders guten Ruf steht, so ist es doch ein Teil unseres täglichen Lebens. Seit es Menschen gibt, versuchen sie, sich gegenseitig zu beeinflussen und anderen Menschen ihrem Willen gefügig zu machen. Manipulation wird von allen Menschen praktiziert und gehört zum normalen Spektrum menschlichen Verhaltens. Wenn Sie nicht zu denen gehören wollen, die den Manipulationsprofis hilflos ausgeliefert sind, dann müssen Sie die Grundregeln kennen, nach denen jede Manipulation von Menschen funktioniert.

Es sind nur einige wenige Grundregeln, aus denen sich jeder Manipulationsversuch zusammensetzt. Kennen Sie diese Regeln, sind Sie dazu in der Lage, jeden Manipulationsversuch zu erkennen und - wenn nötig – zu vereiteln. Diese sieben Grundregeln werden seit Jahrhunderten immer wieder angewandt. Die äußere Form mag sich über die Jahrhunderte verändern, aber die Grundprinzipien haben über Tausende von Jahren Bestand und werden auch in Zukunft noch funktionieren. Einfach deshalb, weil unsere genetische Ausstattung sich nicht sehr verändert hat.

Wir bilden uns oft ein, jederzeit Herr unserer Handlungen und unseres Verhaltens zu sein, dabei werden wir in Wirklichkeit zu 90 % von unterbewusst ablaufenden Programmen gesteuert. Diese Programme machen uns auch so anfällig für die diversen Attacken, die die Profis der Überzeugung gegen uns führen, um unseren Willen zu brechen und uns letztlich dazu zu bringen, das zu tun, was sie von uns wollen. Dabei ist es einerlei, ob es sich um Parteien, Gewerkschaften, Vertreter der Kirche, Versicherungs- und Staubsaugervertreter oder Anlageberater handelt.

Diese Beeinflussungsprofis sitzen am längeren Hebel. Denn Sie wissen seit Langem, wie Menschen „ticken" und sie haben ihre Techniken über Generationen verfeinert und perfektioniert. Sie werden systematisch geschult und sind oft lange auf ihre Aufgaben vorbereitet worden. Und im Gegensatz zu Ihnen haben sie jede Menge Übung und praktische Erfahrung im Beeinflussen von Menschen.

Was können Sie tun, um Ihre eigenen Interessen zu schützen und Ihre Position zu verbessern? Denn Ihre Ausgangslage ist leider eher ungünstig: Sie müssen sich gegen Leute durchsetzen, die Ihnen weit überlegen sind.

Die gute Nachricht: Auch die Manipulationsprofis kochen nur mit Wasser und bedienen sich der sieben Grundregeln der Überzeugung, die wir bereits angesprochen haben. Kennen Sie diese Regeln und wissen Sie, wie diese praktisch angewendet werden, so haben Sie Ihre Position bereits erheblich verbessert.

Dieses Buch geht der Frage nach, wie Sie Ihre Chancen in diesem Spiel verbessern können. Wir werden der Funktionsweise der Grundregeln der Manipulation auf den Grund gehen. Das Beeinflussen anderer Menschen ist leicht zu verstehen, wenn Ihnen erst einmal die Gesetzmäßigkeiten klar geworden sind, nach denen das Ganze funktioniert.

Sie werden lernen, dass das Beeinflussen anderer Menschen keine Zauberei ist, sondern nach ganz bestimmten Gesetzmäßigkeiten funktioniert. Der menschliche Verstand gehorcht bestimmten Regeln und Gesetzmäßigkeiten.

Es ist wesentlich einfacher, als Sie denken und Sie werden erstaunliche Erkenntnisse gewinnen.

1. Über dieses Buch

Die Mechanismen, die beim Beeinflussen anderer Menschen am Werk sind, sind inzwischen gut erforscht. Echte Pionierarbeit auf diesem Gebiet hat der amerikanische Soziologieprofessor Robert Cialdini geleistet, der diese Phänomene über Jahrzehnte systematisch erforscht hat.

Manche Erkenntnisse werden Sie erstaunen und möglicherweise auch etwas erschrecken. Denn auch wenn wir glauben, jederzeit Herr unserer Entscheidungen zu sein, so sind wir in Wirklichkeit viel leichter und zielsicherer zu manipulieren und zu beeinflussen, als das den meisten Menschen bewusst ist. Selbst, wenn man weiß, wie die Techniken zum Beeinflussen von Menschen funktionieren, behalten diese ihre Wirksamkeit. Das Wissen um die Manipulationstechniken schützt nur begrenzt vor der Wirksamkeit, trotzdem erschwert es natürlich die Einflussnahme anderer Menschen, wenn man weiß wie die Gesetzmäßigkeiten der Überzeugung funktionieren.

Und ebenso verbessern sich natürlich auch Ihre eigenen Chancen, Ihre Interessen durchzusetzen und andere Menschen in Ihrem Sinne zu beeinflussen, wenn Sie wissen, wo der Hebel angesetzt werden kann, um das Verhalten anderer Menschen zu beeinflussen.

Dieses Buch besteht aus zwei Teilen: Zunächst schauen wir uns an, wie es überhaupt möglich ist, dass Menschen auf so einfache Weise manipuliert werden können, wie es der Fall ist. Sie erfahren, was Menschen und Tiere an automatischem Verhalten gemeinsam haben und warum sich der Mensch in seinem Verhalten in vielerlei Hinsicht nicht allzu sehr vom Verhalten einer Putenhenne unterscheidet. Sie lernen, welche Rollen Emotionen und rationaler Verstand bei der Entscheidungsfindung haben und was das Ganze mit einem Eisberg zu tun hat.

Im zweiten Teil nehmen wir ganz gezielt die sieben wichtigsten Manipulationstechniken auseinander, derer sich die Überzeugungsprofis aus Werbung, Politik und Religion bedienen, um uns zu manipulieren und uns so handeln zu lassen, wie sie es wollen. Sie erfahren anhand praktischer Beispiele, wie jede der sieben Regeln funktioniert, wie und wo sie angewendet werden und wie Sie sich selbst davor schützen können, manipuliert zu werden. Und schließlich gehen wir auch darauf ein, wie Sie selbst die sieben Regeln der Manipulation zu Ihrem eigenen Vorteil anwenden können.

2. Warum Menschen oft wie ferngesteuert handeln

Sind wir wirklich immer Herr unserer Entscheidungen? Treffen wir wirklich unsere Entschlüsse, indem wir unseren Verstand einsetzen, das Für und Wider gegeneinander abwägen und dann eine vernünftig begründete Entscheidung treffen? Oder spielen womöglich ganz andere Dinge eine Rolle? Der Mensch als einziges, vernunftbegabtes Wesen ist dazu in der Lage, Entscheidungen bewusst, mit dem Verstand zu treffen. Wir können rationale Überlegungen anstellen und unser Handeln danach ausrichten. Tiere können das nicht. Tiere werden weitgehend von festgelegten Verhaltensroutinen gesteuert, wie wir gleich sehen werden.

2.1. Warum Tiere biologische Automaten sind

Wie funktionieren Verhaltensprogramme bei Tieren? Erfreulicherweise wurden diese Abläufe inzwischen genau erforscht. Schauen wir uns das am Beispiel einer Putenhenne und ihren Küken einmal an. Wir werden einige erstaunliche Entdeckungen machen.

Puten sind nicht unbedingt für ihre hohe Intelligenz bekannt. Trotzdem schafft es eine Putenhenne, ihre Küken zu identifizieren und zu bemuttern. Wie macht sie das? Woran erkennt eine Putenhenne ihre Küken? Erkennt die Putenhenne ihre Küken anhand ihres äußeren Erscheinungsbildes? Spielt der Geruch eine Rolle? Oder was ist der Auslöser dafür, dass eine Putenhenne damit beginnt, ihre frisch geschlüpften Putenküken zu bemuttern? Forscher haben durch Experimente eine erstaunliche Entdeckung gemacht:

Wenn ein Putenküken einen Tschiep-Laut von sich gibt, beginnt die Putenhenne automatisch mit der Brutpflege und bemuttert das Küken. Allerdings haben Forscher in umfangreichen Versuchen festgestellt, dass es *ausschließlich* das Tschiepen des Kükens ist, dass die Mutter dazu bringt, das Küken als solches zu erkennen und mit der Brutpflege zu beginnen. Küken, die nicht tschiepen, werden von der Henne nicht als Küken erkannt, ignoriert und sich selbst überlassen.

In einem weiteren Versuch wurde die Henne mit der Attrappe eines Stinktieres konfrontiert. Stinktiere gehören zu den natürlichen Feinden der meisten Vögel, da sie die Gelege plündern und die Eier fressen. Das Stinktier ist damit ein natürlicher Feind. Die Henne begann sofort, das vermeintliche Stinktier heftig zu attackieren, um ihre Küken zu schützen und den „Angreifer" abzuwehren. So weit, so gut. Diese Reaktion ist sinnvoll und dient dem Überleben von Henne und Küken.

Jetzt haben die Forscher allerdings eine perfide Idee gehabt: Sie haben in der Stinktierattrappe ein kleines Kassettengerät befestigt, dass eine Tonaufnahme vom Tschiepen eines Kükens abgespielt hat. Die Putenmutter begann nun prompt damit, die Stinktierattrappe zu bemuttern, die jetzt fälschlicherweise nicht mehr als Feind, sondern als Küken wahrgenommen wurde.

Es ist also wirklich *ausschließlich* der Reiz des Tschiepens, der die Henne dazu bringt, etwas als Küken zu erkennen. Das äußere Erscheinungsbild der Küken spielt für die Putenhenne überhaupt keine Rolle. Sie würde auch versuchen, ein Alligatorbaby zu bemuttern, solange es nur ein „Tschiep" von sich gibt.

Wir sollten nicht den Fehler machen, uns über die vermeintliche Dummheit der Henne lustig zu machen. Denn unter normalen Bedingungen funktioniert dieses Programm zur Brutpflege ja ganz ausgezeichnet. Es sorgt dafür, dass die Henne sich nur um die Küken kümmert, die gesund und kräftig sind und ein lautes Tschiepen hervorbringen können. Dass menschliche Forscher auf die Idee kommen könnten, die Henne mit einer Attrappe hinters Licht zu führen, ist im Ablauf dieses Programms natürlich nicht vorgesehen.

Auf die gleiche Weise wie die Henne „funktionieren" praktisch alle

Tiere. Bestimmte Reize sorgen per Automatismus dafür, dass bestimmte Verhaltensprogramme abgefahren werden.

Es gibt eine ganze Reihe solcher Programme, die fest im Verhalten eines Tieres verankert sind. Paarungsrituale, Brutpflege, Abwehr von Feinden und noch Einiges mehr. Für jede Situation und jeden Lebensbereich hat die Evolution die Tiere mit einem Verhaltensprogramm ausgestattet, das durch die passenden Reize aktiviert und abgerufen werden kann. Zum Beispiel das Paarungsritual durch den Geruch eines paarungsbereiten Weibchens.

Je niedriger entwickelt das Tier, desto weniger Spielraum hat es, dieses Verhalten durch eigene Entscheidungen zu beeinflussen. Während Hunde oder Affen zum Beispiel einen gewissen Handlungsspielraum haben, hat die Putenhenne keinerlei Entscheidungsfreiheit und ist zu 100 % auf ihr automatisch ablaufendes Programm angewiesen. Letztlich wird das Verhalten aller Tiere durch fest gefügte Verhaltensprogramme gesteuert. Weiß man, wie diese Programme funktionieren und auf welche Reize sie reagieren, so lassen sie sich problemlos manipulieren, wie wir soeben am Beispiel der Putenhenne gesehen haben. Wenn sich Tiere so einfach manipulieren lassen, wenn die Programme, die ihrem Verhalten zugrunde liegen einmal bekannt sind – wie sieht es dann mit uns aus?

Es stellt sich die spannende Frage: In welchem Umfang gibt es auch beim Menschen automatisch ablaufende Prozesse? Sind wir immer Herr unserer Entscheidungen? Oder arbeitet auch bei uns das Gehirn manchmal vollautomatisch bestimmte Prozesse ab, ohne, dass uns das bewusst ist?

2.2. Haben wir einen freien Willen?

Natürlich hat der Mensch einen wesentlich größeren Entscheidungsfreiraum als ein Tier. Aber auch bei uns gibt es Vorgänge im Gehirn, die unbewusst und automatisch ablaufen. Das beginnt mit den Dingen, die wir als „Gewohnheiten" bezeichnen. Es gibt jede Menge Handlungen, die wir fast völlig automatisch ausführen, ohne, dass es uns überhaupt noch bewusst ist. Wir wechseln beim Autofahren die Gänge, ohne jedes Mal eine lange Überlegung anzustellen. Wir putzen uns morgens die Zähne und waschen uns die Hände, als Teil eines immer gleichen Rituals, für das keine höheren Hirnfunktionen bemüht werden müssen.

Unzählige große und kleine Gewohnheiten sind fest in unserem Gehirn verankert. Nicht von Geburt an, wie bei den Tieren, sondern als erlerntes Programm, das sich schließlich verselbstständigt und automatisch bei den passenden Gelegenheiten aktiviert hat.

Darüber hinaus gibt es auch beim Menschen offenbar genetisch festgelegte Verhaltensmuster. So gibt es zum Beispiel bei der Brautwerbung weltweit große Gemeinsamkeiten, unabhängig von Rasse, Sprache und Kultur.

Warum gibt es überhaupt so viele automatisch ablaufende Programme, die in unser Unterbewusstsein eingebettet sind? Die Antwort auf diese Frage ist ganz einfach: Dieses komplexe System von mentalen Autopiloten brauchen wir, weil unser Gehirn sonst hoffnungslos überfordert wäre, wenn wir immerzu lauter bewusste Entscheidungen treffen müssten. Würden wir uns mit all den Dingen befassen, die das Gehirn per Autopilot für uns erledigt, wären wir hoffnungslos mit der Wahrnehmung und Verarbeitung der unzähligen Informationen überfordert. Unsere automatisch ablaufenden Verhaltensmuster dienen zu unserer Entlastung und sie wurden angelegt, weil sie sich im Laufe der Zeit als zweckmäßig erwiesen haben.

Allerdings sind die automatisch ablaufenden Programme auch unsere große Schwachstelle. Wer weiß, welche Programme in den meisten Menschen ablaufen, hält eine enorme Macht in Händen. Die Geschichte ist voll mit Beispielen von geschickten Demagogen, durchtriebenen Verkäufern, Trickbetrügern und Sektenchefs, die sich die automatisch ablaufenden Verhaltensprogramme auf clevere Weise zu Nutzen machen.

Genau wie bei der Putenhenne können auch beim Menschen geschickte Manipulatoren dafür sorgen, dass diese automatisch ablaufenden Programme zu unseren Ungunsten und zum Vorteil der manipulierenden Person genutzt werden. Wenn Sie plötzlich einen sündhaft teuren Staubsauger an der Haustür gekauft haben, obwohl Sie keinen neuen Staubsauger brauchen und wollen, dann hat der Verkäufer erfolgreich die sieben Regeln der Beeinflussung angewendet und es geschafft, bei Ihnen Gedanken und Verhaltensmuster auszulösen, die am Ende zur Unterschrift unter den Kaufvertrag geführt haben.

Sehen wir uns ein kleines, noch verhältnismäßig harmloses Beispiel an:

Ein Wort mit 4 Buchstaben mit verblüffender Wirkung

Einen interessanten automatisch ablaufenden Mechanismus können Sie mit dem Wörtchen „weil" auslösen. Es ist Ihnen sicherlich auch schon einmal passiert, dass Sie in einer Schlange an der Supermarktkasse vorgelassen werden wollten. Es gibt jetzt zwei Möglichkeiten. Sie können die Leute vor Ihnen einfach fragen:

„Entschuldigung, können Sie mich bitte vorlassen?" Diese Methode ist nicht besonders effektiv und wird zu einem hohen Prozentsatz zu Ablehnungen führen. Es gibt aber ein einfaches Gesetz, das Sie sich zunutze machen können, um Ihre Erfolgsquote drastisch zu erhöhen.

> *Wenn Menschen um einen Gefallen gebeten werden, steigt deren Bereitschaft Ihnen zu helfen, wenn Sie Ihr Anliegen begründen.*

Wenn Sie fragen: „Entschuldigung, können Sie mich bitte vorlassen, weil ich verpasse sonst meinen Bus und meine Kinder warten aufs Abendessen", dann stehen Ihre Chancen erheblich besser. Man hat das ausgiebig getestet. Und es funktioniert.

Jetzt kommt ein kleines, aber bemerkenswertes Detail: Es ist ausschließlich das Wörtchen „weil", dass die zustimmende Reaktion auslöst. Auch, wenn Ihre Begründung unsinnig oder gar nicht dringend ist, so steigt alleine durch das Wörtchen „weil" die Bereitschaft, Sie in der Warteschlange vorzulassen. Die eigentliche Begründung spielt demgegenüber eine völlig untergeordnete Rolle. Sie können genauso gut fragen: „Würden Sie mich bitte vorlassen, weil ich habe es eilig." Oder: „Würden Sie mich bitte vorlassen, weil heute ist Montag".

Es ist das Wörtchen „weil", dass den anderen Menschen signalisiert, dass Sie einen guten Grund für Ihre kleine Bitte haben und das für Bereitwilligkeit sorgt, Ihnen zu Willen zu sein.

Haben wir es hier nicht mit einem ganz ähnlichen Mechanismus wie bei dem „Tschiep"-Geräusch bei der Putenhenne zu tun, das automatisch das Brutpflegeprogramm auslöst?

Solche automatisch ablaufenden Programme haben auch beim Menschen einen Sinn. Sie entlasten unser Bewusstsein. In den meisten Fällen interessiert uns die Begründung für den Wunsch vorgelassen zu werden ja auch gar nicht wirklich, für unsere Entscheidung, dem Wunsch zuzustimmen oder ihn abzulehnen, zählt nur die Frage, ob derjenige überhaupt einen Grund vorgibt. Das Wörtchen „weil" ist dabei vollkommen ausreichend, um den Schalter im Kopf umzulegen.

Allerdings stellt sich jetzt die Frage: Wenn es solche automatisch ablaufenden Prozesse gibt - und es gibt viele davon - wie frei sind wir dann eigentlich in unseren Entscheidungen?

2.3. Ist Ihr Gehirn wirklich der Boss?

Verkäufer lernen es seit Langem und auch alle anderen Überzeugungsprofis von Sektenführern über Politiker bis hin zu Geistlichen wissen sehr gut über folgenden Fakt Bescheid: Bei einer Kaufentscheidung haben rationale, vernünftige Überlegungen einen Einfluss von nur etwa 10 %, während 90 % der Entscheidung von emotionalen, unbewusst ablaufenden Programmen des Kunden gefällt werden. Und selbstverständlich ist das nicht nur bei Kaufentscheidungen, sondern auch bei vielen, anderen alltäglichen Handlungen der Fall. Wir werden also fortlaufend von unbewusst und großteils emotional gesteuerten Programmen gelenkt, die ohne Zutun unseres Bewusstseins abgespult werden und die wir mit unserem Verstand nur zum Teil beeinflussen können.

Letztlich unterscheidet sich unsere Lage gar nicht so sehr von der, der Putenmutter. Nur, dass bei uns wesentlich komplexere Programme ablaufen. Menschen, die wissen, wie das menschliche Unterbewusstsein tickt, können sich diese automatisch ablaufenden Handlungen, die bei den meisten Menschen mehr oder weniger stark verankert sind, zunutze machen, um ganz erheblichen Einfluss auf uns auszuüben.

Natürlich hat das Wissen um diese Gesetzmäßigkeiten wie alle Dinge zwei Seiten. Wenn Sie wissen, mit welchen Tricks man immer wieder versucht, Ihr Verhalten zu beeinflussen und Ihre Zustimmung zu erheischen, fällt es Ihnen wesentlich leichter, sich dagegen zur Wehr zu setzen. Und selbst, wenn es mit dem zur Wehr setzen nicht immer klappen wird, Sie werden zumindest merken, wenn jemand versucht, Sie zu beeinflussen und sind den Profis in Sachen Manipulation nicht hilflos ausgeliefert – wie die meisten anderen Menschen. Und Profis, die Sie beeinflussen wollen, gibt es Unzählige. Spendensammler, Versicherungsvertreter, Lexikonverkäufer, Sekten aller Art, Politiker, Werbespots.

Die andere Seite der Medaille: Wenn Sie wissen, wie die Gesetzmäßigkeiten der Manipulation funktionieren und Sie die sieben wichtigsten Regeln kennen, mit denen Menschen manipuliert werden können, dann wird Ihnen das für Ihr künftiges Leben völlig neue Perspektiven eröffnen. Ihre Aussichten, künftig Ihre Interessen durchzusetzen, werden sich mit diesem Wissen zweifellos dramatisch verbessern.

3. Die sieben Regeln der Beeinflussung

Sie werden erstaunt sein: Bei genauerer Analyse lassen sich alle Techniken zur Manipulation von Menschen, die uns tagtäglich begegnen, auf nur sieben verschiedene Regeln reduzieren, die einzeln oder auch im Zusammenwirken dafür sorgen, dass andere uns gefügig machen können und uns ihren Willen aufdrängen können.

Das ist eine bemerkenswerte Erkenntnis, denn es stellt sich heraus, dass die Techniken der Menschenmanipulation ausgesprochen überschaubar sind. Wohl jeder von uns ist schon allen sieben beschriebenen Regeln einmal zum Opfer gefallen und ebenso hat wohl jeder schon einmal das eine oder andere der sieben Regeln der Manipulation selbst angewendet.

Die meisten Menschen tun dies allerdings unbewusst und sind sich über die Abläufe der Manipulation nicht im Klaren. Sie sind Amateure, die ungeschickt mit Werkzeugen hantieren, für die sie keine Ausbildung haben. Entsprechend unbefriedigend fallen die Ergebnisse meistens aus. Völlig anders dagegen die Situation bei denen, die sich von Berufs wegen damit befassen, Menschen in ihrem Sinne zu beeinflussen: Politiker, Verkäufer, Sektenführer, Spendensammler. Die Liste derer, die sich von Berufs wegen mit dem Beeinflussen von Menschen befassen, ist lang. Diese Leute sind Experten und wissen sehr genau, was sie tun. Sie wissen, wie man die sieben Regeln anwendet und wie Menschen mental funktionieren.

Entscheidend ist, dass diese sieben Regeln der Manipulation bei fast allen Menschen funktionieren und ähnlich wie in dem Beispiel mit der Putenhenne oder der Warteschlange an der Supermarktkasse automatische Reaktionsmuster bei uns auslösen, gegen die wir uns nur schwer zu Wehr setzen können. Eben diese automatischen Reaktionen machen diese sieben Mechanismen zur Beeinflussung von Menschen so ausgesprochen wirkungsvoll. Meistens kommen die sieben Gesetze der Manipulation nicht einzeln zum Einsatz, sondern in kombinierter Form, womit sich ihre Durchschlagskraft noch einmal dramatisch erhöht.

Wir werden uns im Folgenden alle sieben Regeln der Reihe nach ansehen, lernen wie sie funktionieren und uns darüber Gedanken machen, welche Möglichkeiten es gibt, sich der Wirkung dieser Manipulationstechniken zu entziehen.

3.1. Die Regel der Gegenseitigkeit

Die Regel der Gegenseitigkeit ist vielleicht eine der erstaunlichsten Regeln, wenn es um die Beeinflussung von Menschen geht. Menschen sind so gestrickt, dass sie anderen Menschen nicht gerne etwas schuldig bleiben. Wenn uns jemand einen Gefallen tut, wollen wir diesen Gefallen erwidern. Ein praktisches Beispiel: Wenn uns jemand zu seiner Geburtstagsparty einlädt, fühlen wir uns verpflichtet, ihn ebenfalls zu unserer Geburtstagsparty einzuladen. Menschen, die uns Weihnachtskarten oder Geburtstagsglückwünsche senden, schicken wir bei passender Gelegenheit eine Karte zurück. Wenn unser Nachbar uns seinen Rasenmäher geborgt hat, werden wir uns verpflichtet fühlen, ihm im Gegenzug im Winter unseren Schneeschieber zu leihen, wenn er darum bittet.

Alles in allem ist das Prinzip vom Geben und Neben tief in uns verankert und wir streben immer nach einem Ausgleich.

Die meisten Menschen fühlen sich nicht gut, wenn sie nur nehmen, ohne jemals etwas zurückzugeben. Selbstverständlich gibt es solche Menschen, aber hier handelt es sich um eine Anomalie und nicht um die große Mehrheit. Die Mehrzahl aller Menschen möchte im Gleichgewicht mit ihrer Umgebung leben und niemanden etwas schuldig sein.

Wie die Bhagwan-Jünger mit Rosen Geld schnorrten

Dieses Prinzip lässt sich leicht zur Manipulation ausnutzen. Die Anhänger der Bhagwan-Sekte hatten dazu in den siebziger und achtziger Jahren eine interessante Strategie auf amerikanischen Flughäfen entwickelt. Und zwar haben die Bhagwan-Jünger im Flughafenterminal zunächst einmal in der Nähe des Eingangsbereichs jedem neu ankommenden Passagier eine Rose geschenkt, bevor sie die Leute dann im weiteren Verlauf um Spenden für ihre Sekte angebettelt haben. Der Trick hat tatsächlich eine ganze Weile funktioniert. Wer die Bhagwan-Jünger etwas längere Zeit beobachtete, konnte nach einer Weile sehen, wie ein Sektenmitglied die Gruppe verließ, um nach kurzer Zeit mit einem Arm voller frischer Blumen wieder zurückzukommen. Die „frischen Blumen" hatte der Bhagwan-Jünger zuvor aus einem Papierkorb ausgeklaubt, in dem die Leute die ihnen aufgedrängten Rosen entsorgt hatten. Auf diese Weise konnten die Blumen recycelt und mehrfach verwendet werden.

Ein erheblicher Teil der Passagiere, die sich die Rose haben andrehen lassen, fühlte sich schließlich genötigt, den Bhagwan-Jüngern zumindest eine kleine Spende zukommen zu lassen.

Interessanterweise funktioniert die Regel der Gegenseitigkeit auch dann, wenn das Geschenk eigentlich gar nicht erwünscht ist, wie im Falle der aufgedrängten Rose. Die meisten Leute, auch die, die sich zu einer Geldspende nötigen ließen, haben ihre Rosen in einem Papierkorb entsorgt. Was überdeutlich beweist, wie selbst ein unerwünschtes, nutzloses und aufgedrängtes Geschenk seinen Empfänger noch zu einer Gegenleistung nötigt. Aus dieser Falle gibt es nur einen Ausweg, nämlich das aufgedrängte Geschenk zurückzuweisen.

Der Trick funktioniert immer noch

Uns begegnet dieses Prinzip aber auch anderen Orts. Spendensammler kommen nicht immer im auffälligen orangeroten Gewand des Sektenanhängers daher. Es gibt unzählige Organisationen, die alle Geld für mehr oder weniger gute Zwecke sammeln wollen. Wie viel von den Spenden wirklich Bedürftigen zugutekommt und wie viel am Ende im Geflecht der Sammelorganisationen für Verwaltung und Vertrieb verbraucht wird, sei dahingestellt. Tatsache ist, dass Werbebriefe die zum Spenden auffordern wollen, neben Bildern von knuffigen, bedrohten Tieren wie Eisbären oder kulleräugigen afrikanischen Kindern, häufig auch ein kleines Geschenk enthalten: Zum Beispiel in Form eines Kugelschreibers oder in Form von Postkarten oder anderen kleinen Beilagen. Auch hier setzen die Spendensammler darauf, auf diese Weise mit dem Gesetz der Gegenseitigkeit ihrer Bitte zusätzlichen Nachdruck zu verleihen. Spätestens, wenn ein Adressat im Laufe der Zeit mehrere Briefe mit Kugelschreibern oder anderen Werbeartikeln bekommen hat, steigt die Wahrscheinlichkeit, dass er sich irgendwann verpflichtet fühlt, etwas in Form einer Spende zurückzugeben. Zumal es ja für einen guten Zweck ist, was den Druck noch einmal zusätzlich erhöht.

Auf eine ganz spezielle Weise wendet übrigens die chinesische Regierung die Regel der Gegenseitigkeit an. Schon seit jeher benutzt China Pandabären als ganz spezielle Gastgeschenke. Staaten, die für die chinesische Regierung eine wichtige Rolle spielen, bekommen Pandabären für ihre Zoos geschenkt. Im Gegenzug erwartet die chinesische Regierung selbstverständlich diplomatisches Entgegenkommen in allen wichtigen Fragen. Seit einigen Jahren werden die Pandas nur noch vermietet und sind damit nur eine Leihgabe. Die Erwartung an Gegenleistung als Kooperation bleibt.

Vorsicht vor Gratis-Geschenken

Typisch ist auch der Trick, den Vertreter von Firmen anwenden, die Alarmanlagen und Feuermelder verkaufen: Besonders in den USA, aber auch in Europa sind zahlreiche dieser Firmen mit dem folgenden Trick äußerst erfolgreich:

Dem Kunden wird von einem Vertreter angeboten, sein Haus kostenlos auf eventuelle, gefährliche Brandschutzmängel untersuchen zu lassen. Außerdem gibt es zu der kostenlosen Brandschutzanalyse noch ein weiteres Geschenk in Form eines kleinen Handfeuerlöschers. Kein Wunder also, dass viele Leute zu diesem Angebot nicht nein sagen können, weil sie zum einen gerne den kostenlosen Feuerlöscher abstauben wollen, zum anderen sind sie neugierig, ob es in ihrem Haus Mängel gibt, die sich im Brandfall zu einer echten Gefahr entwickeln können. Statt eines Feuerlöschers werden neuerdings auch gerne kostenlose Rauchmelder verteilt.

Der Vertreter erscheint natürlich wie vereinbart, überreicht das Geschenk und überprüft das Haus eingehend auf potenzielle Risiken in Sachen Brandschutz. Der Hauseigentümer bekommt zusätzlich einen Bericht. Jetzt macht der Vertreter den Hausbesitzer darauf aufmerksam, dass nicht nur in Sachen Brandschutz, sondern auch in Sachen Einbruchsicherheit vieles im Argen liegt. Am Ende läuft es darauf hinaus, dass der Kunde neben einem kompletten Rauchmeldesystem auch noch eine teure Alarmanlage verkauft bekommt.

Diese Vorgehensweise gibt es in fast unendlich vielen Abwandlungen, in allen möglichen Branchen. So bieten Immobilienmakler gerne kostenlose Wertermittlungen für Häuser an. Die Wahrscheinlichkeit, dass ein Kunde sich im Bedarfsfall (der meistens schon vorhanden ist, sonst würde er das Angebot gar nicht in Anspruch nehmen) an den Immobilienmakler wendet, der ihm zuvor das kostenlose Wertgutachten (mit einem für ihn attraktiven Verkaufspreis) erstellt hat, ist recht hoch.

Ihnen ist jetzt sicherlich klar, dass sämtliche Gratisangebote von Geschäften aller Art mit einer gewissen Vorsicht zu genießen sind. Es geht dabei immer darum, die Regel der Gegenseitigkeit zu Ihren Ungunsten anzuwenden und Ihre Abwehrbereitschaft zu schwächen und zu durchlöchern. Wenn Sie im Supermarkt ein paar Mal einen Gratisdonut angenommen haben, steigt die Wahrscheinlichkeit dramatisch, dass Sie irgendwann einen kaufen werden. Sämtliche kostenlosen Proben und kleinen Geschenke haben immer die Eigenschaft, das Gesetz der Gegenseitigkeit zu Ihren Ungunsten in Kraft zu setzen. Natürlich geht es bei kostenlosen Produktproben auch darum, dass Sie sich von der Qualität des Produkts ein Bild machen sollen, aber eben nicht nur. Auch im Internet begegnet und das Prinzip, wenn uns kostenlose Probemonate für irgendwelche Abos angeboten werden, oder ein Anbieter uns ein kostenloses E-Book mit nützlichen Informationen zur Verfügung stellt (hier zusätzlich im Tausch gegen unsere E-Mail-Adresse).

Die Regel funktioniert aber auch im privaten Rahmen. Sie werden einem Kollegen, der Ihnen freiwillig bei der Bewältigung einer Zusatzaufgabe hilft, später kaum einen Gefallen abschlagen können. Die Regel der Gegenseitigkeit ist eines der am tiefsten verwurzelten und mächtigsten Regeln überhaupt und Sie können auch für sich selbst einiges damit erreichen.

Wie Sie die Regel der Gegenseitigkeit zu Ihren Gunsten anwenden

Die Sache ist eigentlich nicht schwer: Machen Sie kleine Geschenke und Zugeständnisse an Leute, von denen Sie Ihrerseits später etwas fordern wollen. Schaffen Sie auf diese Weise Abhängigkeiten und moralische Verpflichtungen. Der kürzlich verstorbene Altbundeskanzler Dr. Helmut Kohl war ein Meister im Beherrschen dieser Strategie zur persönlichen Einflussnahme und hat immer gerne Parteifreunden geholfen, wo immer es möglich war. Allerdings war damit immer die Forderung nach einer Gegenleistung, im Mindestfall die Forderung nach absoluter Loyalität ihm gegenüber verbunden.

Schutzmaßnahmen

Wie Sie sich vor einer Vereinnahmung durch dieses Gesetz schützen können, sollte glasklar sein: Überlegen Sie sich immer genau, ob Sie ein Geschenk oder eine Gefälligkeit wirklich annehmen wollen, oder ob Sie sich damit in eine moralische Abhängigkeit begeben, die Ihnen später womöglich irgendwann Zugeständnisse abverlangt, die Sie eigentlich nicht eingehen wollen. Das gilt nicht nur für den beruflichen, sondern genauso für den privaten Bereich. Lassen Sie sich nicht die Rose aufdrängen, die nur als Schlüssel dazu dient, dass Sie am Ende die Brieftasche aufmachen. Werfen Sie Schnorrerbriefe von Spendensammlern ungelesen in den Papierkorb und lassen Sie sich keine Werbeartikel von politischen Parteien andrehen, wenn Sie sicher sein wollen, dass Ihre Wahlentscheidung am Ende nicht unterschwellig beeinflusst wird.

Im Zweifel ist Geben tatsächlich seliger, denn Nehmen. Besser Sie machen selbst kleine Geschenke, die die Freundschaft erhalten, und verpflichten sich damit andere Menschen nach dem Gesetz der Gegenseitigkeit, als dass Sie sich selber in die Rolle in die Rolle des Gefälligkeitenempfängers begeben und dann anderen zu Willen sein müssen.

Was tun, wenn es schon passiert ist? Nehmen wir an, Sie haben bereits den kostenlosen Feuerlöscher angenommen und den Vertreter im Haus? Machen Sie sich in so einem Moment klar, dass dieses Geschenk in Wirklichkeit kein Geschenk ist, sondern Teil einer Verkaufsstrategie. Und ein „Geschenk", das Teil einer Verkaufsstrategie ist, verpflichtet Sie zu gar nichts. Nehmen Sie den Feuerlöscher und alles, was Ihnen der Vertreter sonst noch kostenlos angeboten hat, dankend an und drehen Sie den Spieß dann um: Bedanken Sie sich für die Aufmerksamkeit und geleiten Sie den Vertreter höflich, aber bestimmt zur Tür.

Wenn Ihnen ein unerwünschtes Geschenk aufgedrängt werden soll, wie im Falle der unerwünschten Rosen der Bhagwan-Jünger auf dem Flughafen, dann dürfen Sie keine Skrupel haben, auch einmal „nein" zu sagen. Oder Sie nehmen das Geschenk eben an und geben trotzdem nichts.

3.2. Die Regel der Verknappung

Die Regel der Knappheit ist wohl die Simpelste der sieben Regeln der Beeinflussung. Es basiert auf einem ganz einfachen Prinzip: Wenn etwas nur begrenzt verfügbar ist, dann steigt der Preis und das betreffende Gut erscheint den meisten Menschen wesentlich begehrenswerter, als wenn es unbegrenzt und jederzeit verfügbar ist. Erst, wenn etwas knapp ist, wird es begehrenswert und wir bekommen angst, zu kurz zu kommen und nichts mehr abzubekommen. Die Regel der Knappheit appelliert an unseren Futterneid, an die Angst, dass uns etwas entgeht, an unsere Furcht, dass jemand anders etwas bekommen könnte und für uns am Ende nichts mehr übrig ist. Es handelt sich um ein schlichtes Gesetz, das an unsere Gier und unsere Angst appelliert und damit sehr erfolgreich ist, denn diese Technik funktioniert seit Menschengedenken.

Die Regel der Knappheit findet im täglichen Leben praktisch überall Anwendung, wir müssen uns nur einmal bewusst danach umsehen. Sonderangebote von Supermärkten sind immer zeitlich befristet, egal, ob in einem konventionellen Ladengeschäft oder spezielle Deals, die nur online angeboten werden und an einem bestimmten Tag verfallen. Bei einer Haus- oder Wohnungsbesichtigung oder auch beim Kauf eines Gebrauchtwagens wird der Immobilienmakler oder der Verkäufer nebenbei einfließen lassen, dass es noch zahlreiche Interessenten für das Objekt gibt, mit denen man sich eigentlich schon fast einig ist. Auf diese Weise wird auch hier zusätzlicher Druck aufgebaut, um zum Abschluss zu kommen. Es ist erstaunlich, wie groß die Verlustangst des Menschen ist.

Wenn ein 50-Pfennig-Stück 500 Euro wert wird

Auch, wenn es um das Sammeln von seltenen Münzen, Briefmarken oder Kunstwerken geht, kommt das Knappheitsprinzip voll zum Tragen. Eine blaue Mauritius ist nichts weiter als winziger Schnipsel bedrucktes Papier, und doch ist diese Briefmarke unter Sammlern ein Vermögen wert. Gemälde von berühmten Künstlern sind auch darum so wertvoll, weil es sich eben um Unikate handelt. Damit ist ihre Verfügbarkeit äußerst beschränkt. Ein bestimmtes 50-Pfennig-Stück aus dem Jahr 1950, das irrtümlich noch die Prägung „Bank Deutscher Länder" trägt, ist einige Hundert Euro wert. Der eigentliche Metallwert des Geldstücks liegt nur bei wenigen Cent und seit der Einführung des

Euros kann man damit nicht einmal mehr eine Packung Kaugummi kaufen. Trotzdem hat diese unscheinbare kleine Münze so einen immensen Wert. Denn es wurden damals nur wenige Tausend Exemplare geprägt, von denen die Meisten noch dazu längst verloren gegangen sind.

Noch seltener sind einige 50-Pfennig-Münzen aus dem Jahr 1949, die irrtümlich bereits die Aufschrift „Bundesrepublik Deutschland" anstatt „Bank Deutscher Länder" tragen. Von diesen Münzen sind nur einige wenige Exemplare in Umlauf gelangt und der Wert liegt schätzungsweise im Bereich von einigen Tausend Euro. Im Handel sind diese Münzen praktisch nicht erhältlich, da sich alle Exemplare im Besitz von Sammlern befinden.

Diese Angst, etwas zu verpassen und zu kurz zu kommen, treibt und manchmal dazu, die sonderbarsten Dinge zu kaufen, nur, weil es „eine einmalige Gelegenheit zu einem sehr günstigen Preis" war. Dabei kann von einer echten Knappheit nur in den seltensten Fällen die Rede sein. Echte Knappheit liegt zum Beispiel bei einem antiken Einzelstück oder einem Kunstwerk vor, zum Beispiel in Gestalt eines einmaligen Gemäldes, eines seltenen Möbelstücks aus einem vorigen Jahrhundert oder einem Oldtimer, von dem es nur noch wenige, fahrfähige Exemplare gibt.

Alles, was uns ansonsten an einmaligen Gelegenheiten und kurzfristigen Sonderangeboten präsentiert wird, ist in Wirklichkeit alles andere als einmalig und schon gar nicht knapp. Wir leben tatsächlich in einer Überflussgesellschaft, in der alle materiellen Güter in ausreichender Menge angeboten und produziert werden. Jedes zeitlich befristete Sonderangebot wird über kurz oder lang wieder von einem neuen Sonderangebot abgelöst und immer und immer wieder fallen wir auf diesen billigen, psychologischen Trick herein. Denn von allen hier vorgestellten sieben Regeln der Beeinflussung ist die Regel der Knappheit wohl eines der am leichtesten zu durchschauenden Tricks und es kann einen nur wundern, dass es trotzdem so gut funktioniert.

So gibt es bei einem bekannten deutschen Discounter immer wieder bestimmte Aktionswaren zu sehr günstigen Preisen. Im Vorfeld wird dafür massiv die Werbetrommel gerührt und bereits darauf hingewiesen, dass die begehrten Artikel – zum Beispiel preiswerte TV-Geräte mit Flachbildschirm oder Notebooks – nur begrenzt verfügbar sind. Ja, sogar auf bestimmte Lebensmittel und Spirituosen wird dieses Prinzip ausgedehnt. SO kommt es dann tatsächlich am Tag des Verkaufsstarts zu einem Massenansturm von Kunden, die alle das begehrte Produkt haben wollen, bevor der Bestand vergriffen ist. Nichts fürchten die Menschen mehr, als bei einem knappen Gut zu kurz zu kommen, und mit leeren Händen nach Hause abziehen zu müssen. Es ist bei diesen Verkaufsaktionen sogar schon zu Handgreiflichkeiten zwischen Kunden gekommen, die sich um die letzten Exemplare geprügelt haben. Nun ist es ja noch verständlich, wenn die Menschen sich um ein Produkt balgen, das tatsächlich nur begrenzt verfügbar ist. Denn wenn die entsprechenden Sonderangebote beim Discounter ausverkauft sind, gibt es tatsächlich erst einmal für längere Zeit keinen Nachschub mehr von dem gleichen Produkt. Seltsamerweise funktioniert dieser Trick aber auch mit Produkten, die per se gar nicht mengenmäßig knapp sein können, weil sie nur virtuell existieren und beliebig vervielfältigt werden können.

Absurd: Knappe digitale Produkte

Besonders skurrile Blüten treibt diese Manipulationsmethode im Internet. Es liegt in der Natur eines digitalen Produktes, das zum Verkauf per Download angeboten wird, dass es gar nicht knapp sein kann, da davon mühelos beliebig viele Kopien verkauft und herunter geladen werden können. Bei einem digitalen Produkt eine Knappheit zu behaupten, ist ziemlich dreist und in sich widersinnig. Trotzdem funktioniert dieser plumpe Marketingtrick, der eigentlich Beleidigung der Intelligenz der Kunden darstellt.

Es gibt unendlich viele Internetseiten, in denen E-Books, Webinare, Lehrvideos und andere digitale Informationsprodukte angeboten werden, in deren Natur es liegt, dass mühelos beliebig viele Exemplare davon verkauft werden. Trotzdem arbeiten die Verkäufer dieser Produkte mit verschiedenen Methoden einer künstlichen Verknappung. Entweder wird ein besonders günstiger Preis in Aussicht gestellt, der innerhalb einer kurzen Frist nicht mehr verfügbar sein wird, oder es wird angeblich die Zahl der möglichen Downloads begrenzt, mit einem rückwärts laufenden Zähler, der dem Kunden suggeriert, dass das Produkt bald „ausverkauft" sein wird, was wie gesagt bei einem elektronischen Produkt eigentlich ein Ding der Unmöglichkeit ist. Es gibt noch einige weitere Spielarten um eine künstliche Knappheit zu erzeugen und natürlich können auch mehrere Methoden kombiniert werden, um den Druck noch zusätzlich zu erhöhen. Das Erstaunliche ist, dass diese Manipulation funktioniert, selbst dann, *wenn* den Kunden eigentlich klar ist, dass es sich hier nur um einen leicht durchschaubaren Marketingtrick handelt.

Die unterschwellige Angst, zu kurz zu kommen und das Angebot womöglich nie wieder wahrnehmen zu können, arbeitet trotzdem im Unterbewusstsein, selbst, wenn auf der Verstandesebene eigentlich klar ist, dass es sich um einen reinen Marketingtrick handelt.

Abwehrmaßnahmen

Die Regel der Knappheit ist einerseits leicht durchschaubar und somit eigentlich leicht abzuwehren. Eigentlich. Denn tatsächlich ist es so, dass schon die bloße Vorstellung, dass wir zu kurz kommen und von einem knappen Gut womöglich nichts mehr abbekommen, bereits unser klares Urteilsvermögen beeinträchtigt und uns im Extremfall in ein regelrechtes Jagdfieber versetzen kann, wo rationale Überlegungen nur noch eine untergeordnete Rolle spielen. Die Regel der Knappheit ist nämlich trotz seiner Einfachheit ein ausgesprochen mächtiger Mechanismus, auf den fast jeder Mensch mehr oder weniger stark anspricht.

So schwer es im Einzelfall auch ist, Sie müssen ruhig Blut bewahren und die Sache logisch durchdenken. Lassen Sie sich nicht zu blinden

Emotionen hinreißen.

Machen Sie sich immer wieder bewusst, dass es in unserer Überflussgesellschaft keine echte Knappheit gibt. Sie können Sonderangebote jeglicher Art getrost ignorieren, das nächste befristete, einmalig günstige Angebot, kommt ganz bestimmt. Lassen Sie sich nicht von unterbewussten Verlustängsten dazu verleiten, Geld für Dinge auszugeben, die Sie eigentlich nicht brauchen und die Sie nur kaufen, weil es so eine „einmalige, unglaublich günstige Gelegenheit war". Es lohnt sich nicht.

Lassen Sie sich vor allem nicht von künstlichen Verknappungen bei Onlineprodukten unter Druck setzen. Es handelt sich dabei immer um Fake und sollte der Verkäufer tatsächlich den Verkauf nach einer bestimmten Anzahl von Exemplaren einstellen, dann ist das ein guter Grund, um um so einen Anbieter einen ganz großen Bogen zu machen. Oder wollen Sie sich wirklich mit so billigen Mitteln unter Druck setzen lassen?

Natürlich können Sie selbst gelegentlich auch dieses Mittel anwenden. Wenn Sie Ihr gebrauchtes Auto verkaufen wollen und es gibt mehrere Interessenten, so kann es natürlich nie schaden, diese Tatsache im Gespräch zu erwähnen.

3.3. Die Regel der Konsistenz

Es ist eine eigenartige Sache: Wir haben das Bedürfnis, zum einen unsere Entscheidungen vor uns selber zu rechtfertigen, zum anderen möchten wir nach außen, anderen Menschen gegenüber, konsequent wirken. Das hat zur Folge, dass Menschen dazu neigen, einmal getroffene Entscheidungen zu rechtfertigen und rational zu begründen. Wir wollen in Worten, Taten und Überzeugungen konsistent und konsequent erscheinen.

Es gibt verschiedene Möglichkeiten, um dieses Gesetz zur Manipulation zu nutzen. Wenn es zum Beispiel gelingt, jemanden zu der Aussage zu bewegen, dass der Klimawandel eine große Bedrohung ist und dass jeder Einzelne etwas dagegen tun muss, dann ist die Wahrscheinlichkeit recht groß, dass derjenige eine gesteigerte Bereitschaft hat, sich mit dem Angebot eines Dämmstoffherstellers zu befassen. Ein anderes Beispiel aus den USA: Man hat zwei Gruppen von Hauseigentümern im Rahmen einer Kampagne für sicheren Straßenverkehr gefragt, ob man in ihrem Vorgarten eine große Reklametafel mit einem Plakat, das an die Anschnallpflicht erinnert, aufstellen darf. Eine Gruppe wurde direkt gefragt, ohne irgendeine vorbereitende Maßnahme.

Die Ablehnung in dieser Gruppe fiel sehr hoch aus, kaum jemand war dazu bereit, die Reklamewand in seinem Garten zu dulden. Mit der anderen Hälfte der Hausbesitzer wurde zuvor ein Gespräch geführt, in dem diese bestätigt haben, dass die Initiative für mehr Sicherheit im Straßenverkehr eine gute und unterstützenswerte Sache ist. Die betreffenden Personen waren außerdem dazu bereit gewesen, ein kleines Schild mit dem Anschnallslogan in eines ihrer Fenster zu hängen oder einen kleinen Aufkleber an ihrem Wagen anzubringen. Es stellte sich heraus, dass bei dieser Gruppe die Bereitschaft, anschließend auch dem Aufstellen der Reklametafel zuzustimmen, wesentlich ausgeprägter war, als bei der ersten Kontrollgruppe.

Hier war die Regel der Konsistenz in Reinkultur am Werk. In der deutschen Sprache gibt es das schöne Sprichwort: „Wer „A" sagt, muss auch „B" sagen", dass die Wirkungsweise der Regeln der Konsistenz auf überaus treffende Weise in wenigen Worten beschreibt. Die Versuchspersonen hatten sich darauf festgelegt, die Initiative unterstützenswert und sinnvoll zu finden und waren bereits mit dem kleinen Schild oder dem Aufkleber ein kleines Zugeständnis eingegangen. Jetzt hatten Sie das Bedürfnis, diese Entscheidung vor sich selbst zu rechtfertigen und sie nach außen aufrechtzuerhalten und so haben sie schließlich auch dem Bau der großen Reklametafel in ihrem Garten zugestimmt.

Wir sehen also, dass zunächst das Eingehen eines kleinen Zugeständnisses dazu führt, dass die betreffende Person später dazu bereit ist, in der gleichen Sache weitaus höhere Zugeständnisse machen. Warum? Um den Anschein von Konsequenz und Kontinuität aufrecht zu erhalten.

Je öffentlicher ein Standpunkt ist, umso größer sind die Anstrengungen, die in Sachen Konsequenz gemacht werden, da es den meisten Menschen stark widerstrebt, eine einmal öffentlich verkündigte Meinung zu korrigieren. (Aus diesem Grund wurden die Versuchspersonen im Beispiel mit den Reklametafeln zunächst dazu überredet, ihre Unterstützung zu der Verkehrssicherheitskampagne mit kleinen Fensterschildern oder Aufklebern öffentlich auszudrücken).

Eine andere Variante der Regeln ist die sogenannte Verzerrung. Zunächst einmal wird dem Opfer ein unwiderstehliches Angebot gemacht: „Wenn Sie den Staubsauger kaufen, bekommen Sie ein iPhone gratis dazu". Nachdem das Opfer auf das Angebot eingegangen ist, bedauert der Verkäufer wortreich, dass die iPhones leider gerade ausgegangen sind, und bietet dem Kunden stattdessen ein anderes, wesentlich minderwertigeres Gerät, an. In den meisten Fällen wird der Kunde nicht vom Kauf zurücktreten, weil er die einmal getroffene Entscheidung aufrechterhalten will.

Die Regel der Konsistenz kann eine ausgesprochen heimtückische Wirkung haben, denn Menschen lassen sich dadurch zu Handlungen und Entscheidungen drängen, die sie so normalerweise aus freien Stücken nie getroffen hätten. Einzig und allein das Gefühl, dass wer „A" sagt, auch „B" sagen muss, nötigt uns teilweise zu abstrusen Handlungen, die für uns in Wirklichkeit schwer nachteilig sind.

Ein erstaunliches Beispiel

Robert B. Cialdini hat in seinem Buch „Die Psychologie des Überzeugens" ein besonders krasses Beispiel für die Macht der Regeln der Konsistenz gebracht. Eine junge Frau in Portland, USA berichtete, dass in einem Park ein wildfremder junger Mann auf sie zu gekommen ist, mit dem Wunsch, von ihr geküsst zu werden. Und zwar benutzte der junge Mann dafür einen sehr eigenwilligen Gesprächsaufhänger:

„Entschuldigen Sie, ich nehme an einem Wettbewerb teil. Und um den zu gewinnen, bin ich auf die Hilfe einer gut aussehenden Frau, wie Ihnen, angewiesen."

Selbstverständlich reagierte die Frau erst einmal mit ausgeprägtem Misstrauen auf das ungewöhnliche Anliegen. Der junge Mann erklärte ihr, dass er an einem Wettbewerb teilnimmt und eine fremde, gut aussende Frau, dazu bringen muss, ihn zu küssen. Es ist kaum verwunderlich, dass die Frau zunächst bei ihrer ablehnenden Haltung bleibt. Der junge Mann gibt aber nicht nach und schließlich gibt die Frau nach und gibt dem jungen Mann einen Kuss auf die Wange, wie er es verlangt hat.

Sekunden später dürfte sie dieses Entgegenkommen bitter bereut haben, denn der junge Mann kam jetzt mit einer unangenehmen Überraschung auf sie zu. Er sagte: „Sie können toll küssen, aber eigentlich geht es bei meinem Wettbewerb darum, Abos für Zeitschriften zu verkaufen. Sie sind ja ein sehr aktiver Mensch, hätten Sie Interesse an einer dieser Zeitschriften hier?"

Die Frau war natürlich völlig überrumpelt und schockiert und wollte eigentlich wütend werden. Dazu kam es jedoch nicht. Im Gegenteil. Das Ganze endete damit, dass die Frau ein Abo für ein Wintersportmagazin kaufte. Eine Zeitschrift, die sie bis dahin zwar gelegentlich einmal gelesen hatte, die sie aber eigentlich niemals hatte abonnieren wollen. In diesem Beispiel sehen wir, wie unglaublich mächtig die Regel der Konsistenz ist. Eigentlich hatte die Frau den Mann weder küssen wollen noch hatte sie ein Zeitschriftenabonnement abschließen wollen. Und sie hätte es sicherlich vorher noch selber für ausgeschlossen gehalten, dass ihr so etwas passieren könnte.

Stattdessen hatte sie sich ein überflüssiges Zeitschriftenabonnement andrehen lassen, bezahlte die 5 Dollar für die erste Monatsrate und machte sich so schnell wie möglich davon.

Wir haben es hier mit einem ziemlich unethischen, aber dennoch beeindruckenden praktischen Einsatz der Regeln der Konsistenz zu tun. Der Zeitschriftenverkäufer machte sich dieses Gesetz gleich in mehrfacher Hinsicht zu Nutzen:

Zunächst einmal hat er sie mit plumper Schmeichelei, (siehe auch die Regel der Sympathie) sowie einer Portion Hartnäckigkeit, dazu gebracht, ihn zu küssen. Das Opfer wollte seine Entscheidung ihn zu küssen und ihm bei seinem Wettbewerb zu helfen, danach nicht mehr infrage stellen – wir alle neigen dazu, einmal getroffene Entscheidungen vor uns zu rechtfertigen. Kein Wunder, dass sie danach, nachdem sie nun einmal den ersten Schritt gemacht hatte, ihn zu küssen, auch dann noch helfen „wollte", als sie erfuhr, dass es bei dem Wettbewerb eigentlich um einen Wettbewerb zum Verkaufen Zeitschriftenabonnements ging. Außerdem hatte sie ihm schon einen Kuss gegeben. Hätte Sie ihm jetzt die verdiente Ohrfeige gegeben, hätte sie damit auch ihre Entscheidung ihn zu küssen infrage gestellt.

So kam es dazu, dass der Manipulator einen klaren Sieg errungen hatte und das Opfer beschämt mit einem überflüssigen Zeitschriftenabonnement von dannen ziehen musste.

Darum: Hören Sie auf Ihr Bauchgefühl und überlegen Sie es sich dreimal, bevor Sie ein Zugeständnis machen. Vor allem, wenn die Folgen nicht absehbar sind.

Abwehrmaßnahmen

Wir neigen dazu, einmal getroffene Entscheidungen beizubehalten und nur ungern zu revidieren. Wir finden Rechtfertigungen vor uns selbst, warum wir so, und nicht anders entschieden haben und benutzen diese Entscheidung dann als Grundlage für zukünftige Entscheidungen in der gleichen Angelegenheit. Kein Wunder, dass dieser Mechanismus sich leicht missbrauchen lässt. Wir sind diesem Programm trotzdem nicht hilflos ausgeliefert.

Es ist nicht ganz einfach, sich wirksam gegen eine Manipulation durch die Regel der Konsistenz zu schützen. Hinterfragen Sie kritisch ihre früheren Entscheidungen. Fragen Sie sich, ob Sie die gleiche Entscheidung mit Ihrem heutigen Wissensstand wirklich wieder genauso treffen würden oder ob Sie angesichts Ihrer aktuellen Erkenntnisse nicht doch anders vorgehen würden. Schrecken Sie nicht davor zurück, Ihre Haltung im Zweifel zu korrigieren. Beständigkeit ist generell eine positive Eigenschaft, aber nicht immer und um jeden Preis.

Wenn Sie ein Reuegefühl verspüren und sich innerlich für Ihre Entscheidung rechtfertigen, dann ist etwas faul und dann sollten Sie das Ganze noch einmal in aller Ruhe überdenken.

Hören Sie auf Ihr Bauchgefühl! Wenn Sie sich nicht wohl mit einer Entscheidung fühlen, dann hören Sie auf Ihr Bauchgefühl und hinterfragen Sie die Entscheidung. Übrigens ist es eine der besten Abwehrmaßnahmen, dem Manipulator direkt mit seinen Absichten zu konfrontieren und ihm direkt ins Gesicht zu sagen, was Sie davon halten.

3.4. Die Regel der Sympathie

Es ist eine Tatsache, dass wir gegenüber Menschen, die wir mögen, eher zu Zugeständnissen bereit sind als gegenüber solchen, denen wir neutral oder ablehnend gegenüberstehen. Es kann daher auch nicht weiter überraschen, dass die Manipulationsprofis zunächst einmal versuchen, Sympathie aufzubauen. Sympathie kann auf unterschiedliche Weise erzeugt werden.

Die simpelste Methode, um Sympathie bei anderen Menschen zu erzeugen, ist schlicht gutes Aussehen. Bei Wahlkämpfen kann das äußere Erscheinungsbild des Kandidaten ebenso entscheidend sein, wie die Inhalte der Wahlversprechen. Noch deutlicher wird der Einfluss des äußeren Erscheinungsbildes bei Gerichtsverhandlungen. Gut aussehende, attraktive Angeklagte werden zu deutlich geringeren Strafen verurteilt als Kriminelle mit unvorteilhaftem Äußeren. Ein sehr bedenkliches Faktum, weil die Justiz offenbar nicht blind für

Äußerlichkeiten ist. Eigentlich sollten sich Richter und Staatsanwälte vom Äußeren eines Angeklagten nicht beeinflussen lassen. Die Göttin Justitia wird ja nicht umsonst stets mit verbundenen Augen dargestellt.

Eine einfache Methode, die von Verkäufern und Vertretern regelmäßig angewendet wird, ist das sogenannte Spiegeln. Wir mögen Menschen, die uns bis zu einem gewissen Grad ähnlich sind. Darauf basiert die Technik des Spiegelns. Der Manipulator bemüht sich dabei, der zu manipulierenden Person gegenüber möglichst vertraut und sympathisch zu wirken. Das geschieht zum Beispiel, indem er ähnliche Kleidung trägt (nur ein klein wenig besser in der Qualität). Er passt seine Sprechweise und seine ganze Kommunikation dem Stil und Tempo seines Gegenübers an und versucht so gut es geht, ein Vertrauensverhältnis aufzubauen.

Schmieren Sie Honig um den Bart

Eine eher schlichte und dennoch wirkungsvolle Methode, um Sympathie aufzubauen, ist es, jemandem „Honig um den Bart zu schmieren". Wer Komplimente macht oder anderen einfach nur seine Zuneigung ausdrückt, wird automatisch selber als sympathischer wahrgenommen. Selbst dann, wenn es offensichtlich ist, dass das Kompliment wahrscheinlich nicht ganz aufrichtig ist und nur aus berechnenden Motiven angebracht wird. Dieser Mechanismus wirkt sehr stark und es ist auch mit dem bewussten Einsatz des Verstandes nicht ganz einfach, sich völlig von seiner Wirkung zu befreien. Unternehmen nutzen dieses Gesetz aus, indem sie uns beispielsweise Glückwunschkarten zum Geburtstag schicken. Die Empfänger dieser Karten wissen meist ganz genau, dass dieser Glückwunsch nicht wirklich von Herzen kommt, sondern dass ein Computer dafür sorgt, dass diese Glückwunschkarten an alle Kunden zum richtigen Zeitpunkt verschickt werden. Trotzdem rufen sie eine positive Emotion hervor.

Ein Autoverkäufer aus Chicago hat auf diese Weise unglaubliche Erfolge erzielt. Er hatte an alle seine Kunden regelmäßig jeden Monat eine Postkarte versandt. Deren einziger Inhalt war der Satz: „Ich mag

Sie!" Und natürlich der Absender und eine Grußformel. Auf diese Weise brachte er sich nicht nur regelmäßig bei seinen Kunden in Erinnerung, sondern löste auch jedes Mal eine positive Emotion aus. Mit dem Erfolg, dass die Kunden zu Stammkunden wurden, die sich grundsätzlich nur noch an ihn wandten, wenn es um die Neuanschaffung eines Autos ging.

Man hat in umfangreichen Experimenten auch festgestellt, dass die Art des Komplimentes praktisch kaum eine Rolle spielt, Hauptsache es ist positiv.

Sympathie durch häufigen Kontakt

Es gibt noch weitere Möglichkeiten, um Sympathie aufzubauen und ein Vertrauensverhältnis zu schaffen. Wir neigen dazu, Menschen, mit denen wir regelmäßig zu tun haben und mit denen wir dabei keine unangenehmen Erfahrungen machen, irgendwann sympathisch zu finden, und ihnen mit einer positiven Grundeinstellung gegenüberzutreten. In diesem Fall ist die schlichte Gewöhnung der Schlüssel zu einer gewissen Vertrautheit und schließlich zum Aufbau von Sympathie. Besonders wirksam ist dieser Effekt, wenn die regelmäßige Begegnung in einem positiven Umfeld stattfindet oder wenn man gemeinsam an einer Aufgabe arbeitet und aus diesem Grund kooperieren muss.

Gelingt dies, und der Manipulator schafft es, Sympathie aufzubauen, dann ist die Wahrscheinlichkeit sehr groß, dass die beeinflusste Person am Ende seinen Bitten und Wünschen nachkommt. Die Regel der Sympathie wird aber nicht nur im persönlichen Kontakt von Mensch zu Mensch angewendet. Auch in der Werbung kommt sie in großem Stil zum Einsatz und findet umfassende Anwendung. Eine beliebte Technik ist es, Prominente, die sich einer allgemeinen großen Beliebtheit erfreuen, als Werbebotschafter für ein Produkt einzusetzen. Dabei muss das Produkt mit dem Prominenten nicht das Geringste zu tun haben. Die Werbestrategen setzen einfach darauf, dass der Nimbus des Stars und dessen positive, sympathische Ausstrahlung auf das Produkt abfärben und wir das Produkt mit dem sympathischen Prominenten assoziieren, was den Widerstand gegen einen Kauf verringern soll. Je nach dem, was für ein Prominenter zum Einsatz kommt, kann hier auch die Regel der Autorität gleichzeitig mit zur Anwendung kommen. Es gibt unzählige Beispiele für die Anwendung dieser Technik. So hat der ebenso bekannte wie beliebte Fernsehmoderator Thomas Gottschalk über Jahre Werbung für die Gummibärchen der Firma Haribo gemacht. Ein aktuelles Beispiel ist der Einsatz des Schauspielers George Clooney für die Vermarktung der Kaffeekapseln der Firma Nestlé.

Dabei müssen es nicht immer Prominente sein. Auch Tiere sind als Sympathieträger geeignet und so greifen Umweltschutzorganisationen, die Spenden sammeln wollen, gerne zu Bildern von Tieren, die von der Mehrzahl der Menschen als sympathisch empfunden werden: Pandabären, Eisbären, bunte Fische und Vögel, Elefanten, Pinguine und Delfine. Greenpeace setzt aktuell bei seiner Kampagne gegen Billigfleisch der Firma Lidl auf Bilder von glücklichen Hausschweinen. Zu den stärksten Sympathieträgern unter den Tieren gehören zweifellos Pandabären. Es gibt kaum Menschen, die keine Pandabären mögen. Kein Wunder, dass der WWF dieses Tier zu seinem Logo gemacht hat. Die chinesische Regierung hingegen verwendet Pandas ganz gezielt als Staatsgeschenke der besonderen Art und nutzt damit sowohl die Regel der Sympathie, wie die Regel der Gegenseitigkeit, gemeinsam auf eine sehr geschickte Weise.

Abwehrmaßnahmen

Es ist gar nicht so leicht, sich gegen den Einfluss dieser Regeln zu wehren. Wenn uns jemand sympathisch ist, dann vermittelt der Umgang mit der Person ein angenehmes Gefühl und unsere Abwehrbereitschaft wird unterhöhlt.

Wann immer Sie ein Geschäft abschließen wollen und Sie finden den Verkäufer plötzlich sympathisch, sollten Ihre Alarmglocken schellen. Wenn Sie daran denken, ein Produkt zu kaufen oder sonst eine Verpflichtung einzugehen, nur, weil Sie jemanden sympathisch finden, dann sollten Sie dringend anfangen nachzudenken. Trennen Sie das Produkt und den sympathischen Verkäufer voneinander. Sie erwerben nicht den Verkäufer, sondern einen Staubsauger oder ein Zeitschriftenabonnement oder eine Lebensversicherung. Lassen Sie nicht zu, dass Ihre Emotionen Ihr Urteilsvermögen trüben, nur, weil sie den Verkäufer sympathisch finden. Im Gegenteil. Immer dann, wenn Ihnen Ihr gegenüber besonders sympathisch ist und es um eine geschäftliche Angelegenheit geht, sollten Sie besonders misstrauisch werden.

In solchen Situationen sollten Sie Ihre Aufmerksamkeit von der sympathischen Person weg und stattdessen auf das Produkt, den Gefallen oder worum immer es geht, wenden, und diese Sache mit nüchternem Blick unter die Lupe nehmen.

Das gilt nicht nur im persönlichen Kontakt, das gilt auch für die Werbung, wenn uns sympathische Prominente ein Produkt näher bringen wollen.

So sind zum Beispiel Kaffeekapseln zwar praktisch und der so hergestellte Kaffee schmeckt in der Regel auch gut, aber dennoch hat dieses Produkt Schattenseiten: Es ist so ziemlich die teuerste Form Kaffee zu kaufen und eine extrem energieaufwendige und rohstoffintensive – und somit umweltschädliche – Verpackung. Seit der Einführung der Kaffeekapseln fallen Abermillionen leerer Kapseln als zusätzlicher Müll an, der aufwendig recycelt werden muss, während bei der herkömmlichen Kaffeebereitung nur die biologisch abbaubare Filtertüte und der Kaffeesatz als Abfall entstehen. Hier wird also auf fragwürdige Weise der Schauspieler George Clooney eingesetzt, um den Kaffeekapseln einerseits ein sympathisches, andererseits auch ein besonders hochwertiges Image zu verleihen.

Der Autor dieser Zeilen würde sogar so weit gehen und grundsätzlich keine Produkte kaufen, die von Prominenten beworben werden. Zum einen kassieren die Prominenten ein Vermögen für ihre Werbeauftritte – ein Vermögen, das wir alle über den Preis des Produktes bezahlen. Zum anderen kann es mit der Qualität eines Produktes, das prominente Fürsprecher benötigt, nicht allzu weit her sein. In diesem Zusammenhang sei auch an die Vermarktung der Telekomaktie Ende der neunziger Jahre durch den mittlerweile verstorbenen Schauspieler Manfred Krug erinnert. Hunderttausende von Anlegern ließen sich auch dank Manfred Krugs Werbespots im Fernsehen auf den Kauf der Telekomaktie ein – zu einem Zeitpunkt, als das Papier bereits maßlos überteuert war und der Preis bereits unrealistische Höhen erreicht hatte. Dieses Investment wurde für viele der Anleger zu einer verlustreichen Erfahrung. Und auch Manfred Krugs Image hatte seinerzeit echten Schaden genommen und der Schauspieler im Nachhinein sein Engagement in dieser Sache bitter bereut.

Konzentrieren Sie sich auf das eigentliche Produkt, und ignorieren Sie die Werbebotschafter in Form von Stars, Tieren oder niedlichen Kindern, die an Ihre Emotionen appellieren und Sie vom selbstständigen Denken abhalten sollen.

Wie Sie die Regel zu Ihren Gunsten nutzen

Selbstverständlich können und sollen Sie die Regel der Sympathie auch zu Ihren Gunsten nutzen, in dem Sie selbst versuchen, auf andere Menschen so gewinnend und sympathisch zu wirken, wie möglich. Neben einem tadellosen, äußeren Erscheinungsbild gibt es noch einige zusätzliche Stellschrauben, an denen Sie drehen können:

Machen Sie kleine Komplimente, ohne dass es platt und berechnend wirkt. Seien Sie ein guter Zuhörer. Es mangelt in unserer Welt an guten Zuhörern, weil alle mit sich selbst beschäftigt sind. Sie können häufig schon die Sympathie anderer Menschen gewinnen, indem Sie Ihnen einfach aufmerksam zuhören. Versuchen Sie, wenn immer es möglich ist, nicht zum Überbringer schlechter Nachrichten zu werden. Auch, wenn Sie selbst mit der schlechten Botschaft gar nichts zu tun haben: Zum Überbringer schlechter Nachrichten zu werden hat einen äußerst negativen Einfluss auf Ihre Sympathiewerte. Sie werden automatisch mit der Unglücksbotschaft assoziiert und werden bei künftigen

Begegnungen immer wieder die Erinnerung daran wachrufen, ob Sie wollen oder nicht.

Mit guten Nachrichten verhält es sich, wie nicht anders zu erwarten war, genau umgekehrt.

3.5. Die Regel der sozialen Bewährtheit – Der Herdentrieb

Die Regel des Herdentriebs – oder auch die Regel der sozialen Bewährtheit – ist leicht zu verstehen. Menschen haben einen ausgeprägten Herdentrieb. Wir orientieren uns an anderen Menschen, wenn wir Entscheidungen treffen. Wenn wir sehen, dass andere Menschen mehrheitlich eine bestimmte Entscheidung getroffen haben, dann neigen Menschen dazu, sich der Mehrheit anzuschließen. Kaum jemand stellt sich gerne gegen die Mehrheit. Fast alle Menschen ziehen es vor, mit der Masse zu schwimmen und richten ihr Verhalten und ihre Entscheidungen an den Menschen in ihrer Umgebung aus. Wir orientieren uns in bestimmten Situationen an dem Verhalten von Menschen in unsrer Umgebung.

Nehmen wir an, Sie sind in einer fremden Stadt und möchten ein Café besuchen. Sie haben zwei Cafés in derselben Straße. Eines ist ziemlich voll, das andere ist leer und wird von den meisten Menschen offensichtlich gemieden. Für welches Café würden Sie sich entscheiden? Für das, dass offensichtlich großen Zuspruch findet und einen regen Publikumsverkehr aufweist? Oder für das verwaiste, offensichtlich wenig beliebte Café? Die meisten Menschen in dieser Situation werden sich für das gut besuchte Café entscheiden, in der Hoffnung hier zusammen mit der Mehrheit der Cafébesucher die bessere Wahl getroffen zu haben.

Am besten funktioniert die Regel in einer Situation allgemeiner Unsicherheit. Wenn Menschen sich nicht sicher sind, was sie tun sollen, dann richten sie sich in ihren Entscheidungen automatisch am Verhalten anderer Menschen aus.

Geschickte Führungspersönlichkeiten können in solchen Situationen allgemeiner Ungewissheit ganze Menschenmassen in ihrem Sinne beeinflussen. Gelingt es der Führungskraft, einige Menschen aus der verunsicherten Masse in ihrem Sinne zu beeinflussen, dann ist die Wahrscheinlichkeit groß, dass am Ende zahlreiche andere Menschen dem Beispiel der beeinflussten Personen folgen und sich schließlich die gesamte Masse in die gewünschte Richtung bewegt.

Im Marketing macht man von diesem Gesetz bereits seit Langem Gebrauch und veröffentlicht zum Beispiel sogenannte Testimonials, Erfahrungsberichte von möglichst vielen, zufriedenen Kunden, um ein Produkt erfolgreich an den Mann oder die Frau zu bringen. Je mehr zufriedene Erfahrungsberichte und je authentischer die Berichte - (möglichst mit Foto, vollständigem Namen und Wohnort des Kunden), desto besser ist die Wirkung und desto stärker wirkt die verkaufsfördernde Maßnahme. Wenn wir sehen, dass bereits eine große Zahl anderer Menschen ein Produkt gekauft hat und die Mehrzahl der Kunden offenbar mit dem Produkt zufrieden ist, dann hat das eine ausgesprochen überzeugungsfördernde Wirkung.

Hans-guck-in-die-Luft

Sie können selbst auf eindrucksvolle Weise die Regel des Herdentriebs testen. Gehen Sie in eine beliebige Fußgängerzone und starren Sie mit erhobenem Kopf auf einen leeren Punkt am Himmel. Sehr wahrscheinlich wird nicht allzu viel passieren und die meisten Leute werden Ihr Verhalten ignorieren, selbst, wenn Sie längere Zeit dort stehen und starren.

Wenn Sie das Ganze allerdings am nächsten Tag mit 5 Bekannten wiederholen und Sie stellen sich als kleine Gruppe in die Fußgängerzone und starren nach oben, wird es nicht lange dauern, bis sich weitere Leute zu Ihnen gesellen und ebenfalls nach oben schauen. Je mehr Menschen es sind, desto mehr werden dazu kommen. Eventuell lässt sich das Phänomen noch verstärken, wenn Sie von Zeit zu Zeit mit dem Finger auf den leeren Fleck im Himmel zeigen. Bei Versuchen in New York konnte man auf diese Weise eine Ansammlung von bis zu achtzig Personen beisammen bekommen. Irgendwann gehen die ersten Leute wieder, nachdem sie festgestellt haben, dass dort oben wirklich nichts zu sehen ist. Daher gibt es so etwas wie eine natürliche Obergrenze für die Zahl an Personen, die Sie mit diesem Trick versammeln können.

Wie der Werther-Effekt auch heute noch wirkt

Die Regel des Herdentriebs funktioniert aber auch auf einer viel allgemeineren und unpersönlichen Ebene, nämlich, wenn die Medien ins Spiel kommen. Es gibt beunruhigende Erkenntnisse darüber, dass schon durch das bloße Berichten über Verbrechen, in den Medien, Menschen zu Nachahmungstätern werden. Wenn eine Zeitung oder ein Radiosender ständig darüber berichtet, wie risikolos Einbrüche in Tankstellen sind und über jeden Einzelfall detailliert berichtet, dann wird es gar nicht lange dauern, bis es die Zahl der Tankstelleneinbrüche tatsächlich ansteigt. Und das funktioniert nicht nur bei Meldungen über alle möglichen Verbrechen. Beunruhigenderweise steigt sogar die Zahl der Selbstmorde, wenn eine Zeitung oder ein Fernsehsender ausgiebig über das Thema berichtet. Wenn zum Beispiel regelmäßig darüber berichtet wird, dass immer mehr junge Menschen Selbstmord begehen, indem sie sich vor einen Zug werfen, dann lässt sich nach einer entsprechenden Berichterstattung tatsächlich ein Anstieg der Selbstmorde mittels Sprung vor den Zug feststellen. Erstmals beobachtet wurde dieser Effekt bereits, als Goethe sein Buch „Die Leiden des jungen Werther" veröffentlicht hatte. Es kam daraufhin zu einer Suizidwelle unter jungen Männern, die unglücklich verliebt waren und sich offensichtlich von dem Selbstmord der Titelfigur des Romans inspirieren ließen. Man spricht in diesem Zusammenhang sogar vom Werthereffekt. Auch, wenn die genaue Zahl der auf Goethes Buch zurückgehenden Suizide umstritten ist, so besteht doch kaum ein Zweifel daran, dass es einen Nachahmungseffekt gibt. Zu Goethes Zeiten war die Reichweite der Medien noch begrenzt und es gab keine Rundfunkgeräte und Fernseher, die buchstäblich jedermann erreichen konnten. Dennoch war die „Leiden des jungen Werther" seinerzeit ein Bestseller und das Buch wurde in ganz Europa verkauft. Und so kam es auch im gesamten Verbreitungsgebiet zu jenen tragischen Nachahmern, die ihrem Leben aus Liebeskummer ein Ende setzten.

Es ist also tatsächlich möglich, mittels der Medien Ereignisse herbeizuschreiben, denn dieser Effekt tritt natürlich auch dann auf, wenn die betreffenden Ereignisse, über die berichtet wird, völlig frei erfunden sind. Auch bei „Die Leiden des jungen Werther" handelt es sich ja lediglich um einen Roman. Nebenbei um einen der ersten wirklichen Bestseller der Literaturgeschichte.

Es ist also tatsächlich möglich, mithilfe der Medien die Realität zu verzerren und Ereignisse herbeizuführen, die es ohne die entsprechende Berichterstattung nicht gegeben hätte. Die Journalisten tragen hier also sehr viel mehr Verantwortung, als es ihnen wahrscheinlich bewusst ist.

Unterlassene Hilfeleistung – Warum so Viele wegsehen

Sicher haben Sie auch schon einmal davon gehört, dass es immer wieder vorkommt, dass Menschen andere Menschen, die in Not sind, einfach ignorieren. So kommt es immer wieder vor, das Unfallopfer keine Hilfe bekommen und andere Autofahrer einfach an dem Geschehen vorbeifahren.

Oder ein Mann, der in einer belebten Fußgängerzone mit einem Herzanfall zusammenbricht, wird von den umstehenden Personen ignoriert, anstatt dass jemand Erste Hilfe leistet und einen Rettungswagen ruft. Warum ist das so? Warum helfen Menschen nicht, obwohl es eigentlich offensichtlich ist, dass dringend Hilfe benötigt wird?

Nun, auch hier kommt wieder die Regel des Herdentriebs ins Spiel. (Andere Autoren bezeichnen es etwas feinsinniger als die Regel der sozialen Bewährtheit)

Tatsache ist leider: Je belebter die Örtlichkeit und je anonymer das Umfeld, desto geringer die Wahrscheinlichkeit, dass effektiv Hilfe geleistet wird. Je stärker die Straße befahren ist, an der ein Unfall geschehen ist, umso geringer ist die Neigung des einzelnen Autofahrers, anzuhalten und Erste Hilfe zu leisten. Das Gleiche gilt auch für die Situation des hilflosen Passanten mit dem Herzanfall, der dringend Hilfe braucht. Je belebter die Fußgängerzone, je mehr Menschen vor Ort sind, desto geringer ist das Verantwortungsgefühl des Einzelnen.

Wenn wir mit einer Notfallsituation konfrontiert werden, dann fühlen wir uns unsicher und neigen dazu, den Weg des geringsten Widerstandes zu gehen. Wir wollen der Situation entkommen und wir beobachten, wie sich die anderen Menschen verhalten. Außerdem neigen wir dazu zu, Gedanken zu entwickeln, wie: „Der Kerl ist vielleicht bloß betrunken. Es wird schon jemand einen Rettungswagen rufen, warum soll gerade ich das jetzt machen? Das Ganze geht mich nichts an!"

Wenn wir als Einziger in der Nähe sind, um Hilfe zu leisten, dann können wir so einen Notfall nicht ohne Weiteres ignorieren, weil es dann erkennbar unsere ureigene Verantwortung ist, rechtzeitig Hilfe zu rufen.

In einem belebten und anonymen Umfeld orientieren wir uns dagegen an anderen Menschen. Da die anderen Menschen sich ebenfalls an anderen Menschen orientieren und Jeder Schwierigkeiten lieber aus dem Weg gehen, und den Weg des geringsten Widerstandes gehen möchte, kommt es leider immer wieder zu den beobachteten Erscheinungen.

Noch schlimmer wird es, wenn es gar darum geht, eine Straftat zu vereiteln oder einer bedrängten Person zu Hilfe zu kommen. Es kommt immer wieder vor, dass Menschen – zum Beispiel in U-Bahnen - von Gewalttätern zusammengeschlagen oder ausgeraubt werden, ohne, dass einer der Mitfahrenden den Versuch unternimmt, den Täter von seinem Tun abzuhalten und der bedrängten Person zu Hilfe zu kommen.

Herdentrieb und Vandalismus

Die Regel des Herdentriebs kommt auch auf einer ganz anderen Ebene zur Wirkung. Man hat festgestellt, dass, solange es in einem Viertel keinerlei Graffiti gibt, die Hemmschwelle sehr hoch ist, Wände zu besprühen. Ist allerdings erst einmal die Hemmschwelle gefallen und jemand hat ein erstes Graffiti gesprüht, dann dauert es nicht mehr lange, bis sich zu dem zuerst gesprühten Graffiti weitere „Kunstwerke" dieser Art gesellen – sehr zum Missfallen der betroffenen Hauseigentümer. Das beste Mittel gegen Graffiti ist es also, die Umgebung von vorneherein frei von gesprühten Verunstaltungen jeglicher Art zu bewahren. Am besten ist es, wenn man eventuell gefundene Graffitis nach Möglichkeit noch am selben Tag wieder beseitigt. Auf diese Weise kann man von vorneherein verhindern, dass die Regel des Herdentriebs in Kraft tritt.

Einen ganz ähnlichen Mechanismus gibt es auch bei herumliegendem Müll und Sachbeschädigungen. Hat erst einmal jemand damit angefangen, Abfälle neben einer überquellenden Mülltonne zu deponieren, so dauert es nicht lange, bis dieser anfangs kleine Haufen beginnt zu wachsen, weil immer Menschen ihre Abfälle dazu stellen – obwohl die Unrechtmäßigkeit dieses Vorgehens allen klar sein muss. Auf ähnliche Weise können sich auch in der freien Natur plötzlich wilde Müllkippen bilden. Wenn erst einmal jemand das Verbot, Abfälle auf diese Weise zu entsorgen, missachtet hat, so dauert es nicht lange, bis bei immer mehr Menschen die soziale Hemmschwelle fällt.

Die Machthaber des Stadtstaates Singapur wissen über diese psychologischen Mechanismen offenbar sehr genau Bescheid und sind entschlossen, ihren Staat sowohl frei von herumliegendem Müll als auch von Graffiti zu halten. Beides wird in dem reichen und hoch entwickelten Kleinstaat ziemlich drakonisch bestraft. Für das Anbringen von Graffiti ist in schweren Fällen sogar eine Prügelstrafe vorgesehen. Ansonsten müssen Delinquenten mit hohen Geldbußen und Arbeitsauflagen rechnen. Der Erfolg dieser drakonischen Maßnahmen ist durchschlagend. Singapur ist eines der saubersten und sichersten

Länder der Welt.

Das Gleiche funktioniert auch bei auf einer anderen Ebene. Wissenschaftler haben sich schon immer gewundert, warum es so lange dauert, bis nach einem offensichtlich schweren Unfall Leute anhalten, und helfen. Selbst, wenn das Fahrzeug brennt, ist die Bereitschaft des Einzelnen erschreckend gering, zu helfen. Erst nachdem bereits ein Helfer die Regel des Handelns in die Hand genommen hat, raffen sich dann auch weitere Leute dazu auf, ihre Hilfe anzubieten.

Abwehrmaßnahmen

Auch dieses Gesetz ist sehr mächtig. Wenn Sie in einer Situation verunsichert sind und nicht wissen was Sie tun sollen, dann schauen Sie nicht nur auf die Reaktionen der Menschen in Ihrer Umgebung, sondern machen Sie sich eigene Gedanken. Sie können in einer Situation allgemeiner Unsicherheit auch selbst die Führung übernehmen und andere Menschen dazu bringen, Ihnen zu folgen. Eine feste Stimme und selbstsicheres Auftreten ist oft alles, was dazu nötig ist.

Machen Sie sich immer klar, dass die Mehrheit keineswegs immer die richtige Entscheidung trifft und dass es im Zweifel immer besser ist, den eigenen Verstand zur Entscheidungsfindung zu benutzen, als blind anderen Menschen hinterher zu trotten, die ihrerseits selber nicht wissen, was sie tun und warum sie es tun.

Treffen Sie Ihre eigenen Entscheidungen und ignorieren Sie den Zug der Lemminge, die blindlings dem Herdentrieb folgen, selbst, wenn das den Sprung von der Klippe ins Meer bedeutet.

Sollten Sie selber einmal in eine Notlage geraten und um Hilfe bitten müssen, weil Sie zum Beispiel einen Herzanfall erleiden, dann sollten Sie über die Regel des Herdentriebs Bescheid wissen. Gerade, wenn Ihnen dieser Notfall in einer belebten Umgebung zustößt. Es besteht die Gefahr, dass die Umstehenden keine Hilfe leisten werden, weil sie sich am Beispiel der anderen Passanten orientieren, die Ihren Zustand ebenfalls ignorieren und sich zum Beispiel mit dem Gedanken beruhigen: "Der Kerl ist bestimmt betrunken oder auf Drogen."

Um in so einer Situation schnell und effektiv Hilfe zu erhalten, müssen Sie Ihren Zustand unmissverständlich klar machen. Rufen Sie um Hilfe und rufen Sie nach einem Krankenwagen. Am besten Sie suchen sich eine bestimmte Person heraus: „He Sie da, in der roten Jacke. Rufen Sie einen Krankenwagen, ich brauche Hilfe, ein Herzanfall!" Wenn Sie so vorgehen, erhöhen Sie die Chance drastisch, dass Ihnen rechtzeitig geholfen wird. Sie machen damit jemanden persönlich verantwortlich. Derjenige kann Ihre Bitte kaum noch ignorieren, schon deshalb, weil die umstehenden Personen jetzt ebenfalls erwarten, dass er etwas unternimmt. Würde er Ihre Bitte ignorieren, würde er sich außerdem der unterlassenen Hilfeleistung schuldig machen.

3.6. Die Regel der Autorität

Die Regel der Autorität ist äußerst vielseitig anwendbar. Sie beruht darauf, dass Menschen einer tatsächlichen oder vermeintlichen Autorität in der Tat mehr Glauben schenken, als „normalen" Mitmenschen. Die Regel der Autorität begegnet uns überall und ihre Funktion und die Anwendung sind eigentlich denkbar einfach.

Die Grundfunktion der Regeln lässt sich leicht an einem kleinen Beispiel erläutern: Stellen Sie sich eine Menschenmenge vor, die an einer Fußgängerampel darauf wartet, dass das Licht endlich grün wird. Es ist keine allzu große Menge, vielleicht zehn bis fünfzehn Personen. Keiner wagt es bei Rot über die Straße zu gehen, obwohl nur sehr wenig Verkehr herrscht, und alle darauf warten, dass die Ampel endlich von Rot auf Grün umspringt.

Da verliert einer der Wartenden die Geduld und überquert die Straße trotz der roten Ampel, da ja kaum Autos unterwegs sind und es ohne Weiteres möglich ist, die Straße trotz der roten Ampel zu überqueren.

An dieser Stelle wird es jetzt interessant, denn die Reaktion der anderen Wartenden wird massiv vom äußeren Erscheinungsbild desjenigen beeinflusst, der als Erster bei Rot über die Ampel geht. Ist derjenige durchschnittlich bis ärmlich gekleidet, wie man es von jemandem in einem schlecht bezahlten Job, am unteren Ende der Gehaltsskala, oder einem Empfänger von Grundsicherung erwarten würde, dann bleiben die anderen Leute in den meisten Fällen stehen, um weiter auf die grüne Ampel zu warten. Sie ignorieren den Ausreißer und ziehen es vor, weiter den Verkehrsregeln zu folgen, die eine Überquerung der roten Ampel verbieten. Unter Umständen kann es sogar dazu kommen, dass einige der Wartenden über den Regelbrecher murren und ihn am liebsten zur Ordnung rufen würden.

Gänzlich anders sieht es aus, wenn derjenige, der als Erster die Straße trotz roter Ampel überquert, gut gekleidet ist, und über eine selbstsichere Ausstrahlung verfügt. Wir können getrost davon ausgehen, dass sich in diesem Fall wie von Geisterhand nach kurzem Zögern auch der Rest der Menge in Bewegung setzt, um dem Beispiel des gut gekleideten Mannes zu folgen.

Wir werden hier Zeuge eines Phänomens, das Verkäufern seit vielen Jahren bekannt ist: Nicht umsonst gibt es das Sprichwort: „Kleider machen Leute". Offensichtlich verschafft bereits ein gut sitzender Anzug, saubere Schuhe und ein korrekter Haarschnitt ein deutliches Plus an Autorität im Umgang mit anderen Menschen. Denn selbstverständlich wirkt sich das äußere Erscheinungsbild nicht nur an der Fußgängerampel, sondern auch in jeder anderen Lebenslage aus.

Hackordnung im Straßenverkehr

Im Straßenverkehr ist eine ähnliche Wirkung zu beobachten. Hier ist es nicht die Kleidung, sondern die Größe und Ausstattung des Automobils, die Respekt verschafft. Wir alle kennen die Situation, wo jemand an einer grünen Ampel nicht rechtzeitig anfährt, weil der Fahrer vielleicht gerade etwas geistesabwesend ist und den Farbwechsel der Ampel nicht registriert hat. In der Regel wird der Hintermann in der Schlange bald die Geduld verlieren und hupen, um den geistesabwesenden Fahrer vor ihm „aufzuwecken" und auf die grüne Ampel hinzuweisen. Experimente haben ergeben, dass wesentlich schneller gehupt wird, wenn es sich bei dem Vordermann um einen etwas angerosteten Kleinwagen handelt. Ist es hingegen eine große, dunkle Limousine mit dem Stern auf dem Kofferraumdeckel, so ist die Hemmschwelle den Fahrer anzuhupen wesentlich größer. Das Prinzip „guter Anzug" funktioniert also in abgewandelter Form ebenso im Straßenverkehr. Auch Menschen, die sich ein teures und großes Auto leisten können, bringen wir automatisch mehr Respekt entgegen.

Sie lassen sich von solchen Statussymbolen nicht beeindrucken? Sehr wahrscheinlich doch. Man hat in den USA einen Versuch mit Studenten durchgeführt. Ein Großteil der politisch eher links orientierten Studenten hatte erklärt, im Straßenverkehr gerade gegenüber Inhabern von Luxusautos keinen besonderen Respekt zu zeigen, und sich gegenüber den Fahrern kleinerer Wagen kooperativer zu verhalten. Das tatsächliche Verhalten im Straßenverkehr stimmte mit dieser Selbsteinschätzung aber keineswegs überein. Tatsächlich verhielten sich die Studenten in der automobilen Hackordnung genauso wie alle anderen Durchschnittsbürger auch.

Aber kommen wir zurück zu unserem Ampelbeispiel:

Die Lage verändert sich noch einmal dramatisch, wenn derjenige, der als Erster die rote Ampel überquert, statt eines Anzugs, eine Uniform trägt, am besten eine Polizei- oder Ordnungsamtsuniform. In diesem Fall können wir davon ausgehen, dass alle anderen Wartenden dem Uniformträger bedenkenlos folgen werden.

Man hat das Experiment auch noch in verschärfter Form durchgeführt: Ein „Passant" in normaler Kleidung bittet einen Fußgänger darum eine auf dem Boden liegende leere Getränkedose in einen öffentlichen Mülleimer zu werfen. Die meisten Fußgänger hatten keine große Neigung der Aufforderung nachzukommen und die Dose aufzuheben. Völlig anders wurde die Situation, wenn statt des Passanten, in normaler Straßenkleidung, ein Mann in Polizeiuniform oder in der Uniform eines städtischen Ordnungsamtes die Anweisung gab, die leere Getränkedose aufzuheben. Die Autorität der Uniform führte zu einem deutlichen Anstieg der Kooperationswilligkeit der Leute. Nicht ganz so wirkungsvoll, aber immer noch spürbar, war der Effekt, wenn statt eines „Polizeibeamten" ein selbstbewusst wirkender Mann mit einem guten Anzug und blank polierten Schuhen die Anweisung gab, die leere Dose aufzuheben.

Dass Uniformen, Autorität verleihen, ist kein ganz neues Gesetz. Schon in der Komödie „Der Hauptmann von Köpenick", wo ein armer Schuster dank einer aus einem Kostümverleih geliehenen Uniform zum vermeintlichen Hauptmann wird und schließlich in dieser „offiziellen Funktion" die Stadtkasse von Köpenick beschlagnahmt, findet dieses Gesetz Anwendung.

Nun hatten im damaligen Kaiserreich Offiziere einen wesentlich höheren, gesellschaftlichen Status als heute und wir können getrost davon ausgehen, dass die Regel der Autorität seinerzeit seiner Anwendung auf eine optimale Umgebung traf. Seitdem hat sich in Deutschland viel geändert und Uniformen im klassischen Sinne spielen bei uns in der Öffentlichkeit fast nur in Form von Polizeiuniformen eine Rolle. Doch nach wie vor kann man mit der richtigen Kleidung zusätzliche Autorität gewinnen. Neben den klassischen Militäruniformen gibt es zahlreiche andere Kleidungsstücke, die ihren Trägern zusätzliche Autorität verleihen.

Menschen mit weißen Kitteln sind in der Regel Ärzte oder Wissenschaftler, auch Richterroben dienen dazu, ihren Trägern Respekt zu verschaffen.

Die Regel der Autorität geht dabei weit über das reine äußere Erscheinungsbild hinaus. Es kommt auch dann zum Tragen, wenn uns jemand als Experte für etwas vorgestellt wird. Unsere Welt wird immer komplexer und es gibt immer mehr Dinge, über die wir nicht Bescheid wissen. Was liegt da näher, als auf das Fachwissen von Experten zu vertrauen?

Die Werbung weiß das und macht sich dieses Prinzip schon lange zunutze. So gibt es Zahnpasta, die ausdrücklich „von Zahnärzten empfohlen" wird, jedenfalls, wenn wir der Werbung Glauben schenken wollen.

Wie „Dr. Best" für Millionenumsätze gesorgt hat

Wahre Wunder hat die Regel der Autorität bei der Zahnbürstenmarke „Dr. Best" vollbracht. Bei einem umfangreichen Markenrelaunch, in den achtziger Jahren, suchte man nach einer passenden Werbefigur und fand sie schließlich in Gestalt von Dr. James Earl Best, einem Zahnarzt aus Illinois, der nicht nur zufällig tatsächlich „Dr. Best" hieß, sondern auch optisch die idealen Voraussetzungen für einen Einsatz als Werbefigur mitbrachte. Von nun an machte Dr. Best Werbung für das Unternehmen und bewarb die elastisch federnde Zahnbürste.

Bei diesem Beispiel wurde die Regel der Autorität gleich mehrfach erfolgreich angewendet. Zum einen ist Dr. Best Mediziner und hat von daher einen Status als Experte. Dieser Expertenstatus färbt automatisch auf das Produkt ab und verleiht dem Werbespot Glaubwürdigkeit. Dazu bringt Dr. Best das richtige Erscheinungsbild mit – ein älterer, grauhaariger Herr mit Schnauzbart – und nicht zuletzt trägt er die richtige Uniform in Form eines weißen Zahnarztkittels.

All dies zusammengenommen, verleiht Dr. Best automatisch ein hohes Maß an Glaubwürdigkeit und Autorität. Dass Dr. Best nur rein zufällig den gleichen Namen trägt wie das Produkt, kann der Zuschauer nicht wissen und tut der Wirksamkeit keinen Abbruch. Dr. Best ist übrigens im Jahr 2002, 78-jährig an einer Krebserkrankung verstorben und wurde seitdem durch andere, weiß bekittelte Arztdarsteller ersetzt, ohne, dass dies der Wirksamkeit der Dr. Best Werbung irgendwie Abbruch getan hätte.

Die klassische Autoritätshörigkeit in Form des Glaubens an Uniformen mag nicht mehr die große Rolle spielen, wie im wilhelminischen Deutschland oder gar in der Nazizeit. Das bedeutet aber keineswegs, dass der Glaube an Autoritäten aller Art abgenommen hat. Heute ist es mehr und mehr der Expertenstatus, der in den Augen der Öffentlichkeit Autorität verleiht. Und dieses Prinzip des Expertenstatus begegnet und heute fast überall, wo ein Produkt an den Mann gebracht werden soll oder wir sonst in irgendeiner Weise beeinflusst werden.

Auch in der Politik spielen Experten eine wichtige Rolle. Geht es beispielsweise um Themen wie den Klimawandel, so müssen immer eine Menge Wissenschaftler und sonstige Experten dazu herhalten, den jeweiligen Standpunkt zu bestätigen und der eigenen Position Nachdruck zu verleihen. Ärzte und Anwälte hängen sich bewusst ihre Diplome und Urkunden an die Wände ihrer Praxen und Büros, weil dies Autorität verleiht und Besucher beeindruckt.

Die richtige Kleidung und ein Titel verschaffen Autorität

Wir können an den vorangehenden Beispielen erkennen, dass es vor allem zwei Elemente sind, mit denen der Eindruck von Autorität hervorgerufen wird. Da ist zum einen der Titel - auch, wenn der Titel die Person, die ihn trägt, äußerlich nicht verändert, so hat er doch eine entscheidende Wirkung auf die Wahrnehmung. Personen, die einen Doktor- oder Professorentitel tragen, werden automatisch auch körperlich größer wahrgenommen, als sie eigentlich sind. Was sie sagen, genießt automatisch eine höhere Glaubwürdigkeit. Andere Menschen sind leichter bereit sich ihnen zu fügen und ihnen Anordnungen zu folgen. In vielen anderen Ländern können auch militärische Ränge einen ähnlichen Effekt haben – auch dann, wenn derjenige gerade keine Uniform trägt. Seltsamerweise funktioniert der Glaube an Titel selbst dann, wenn, wie im Beispiel der Zahnpastawerbung, eigentlich völlig klar ist, dass es sich bei dem präsentierten Experten nur um eine Werbefigur wie Dr. Best handelt, der in Wirklichkeit nur von einem Schauspieler verkörpert wird.

Das zweite entscheidende Element ist die Kleidung. Wenn wir mit Personen konfrontiert sind, die eine Amtstracht in Form einer Uniform tragen, neigen wir schon ganz automatisch dazu, diese Person als Autorität anzuerkennen.

Erschreckend: Wie weit geht Gehorsam?

Im sogenannten Milgram-Experiment wurde versucht, herauszufinden, wie weit der Glaube an Autoritäten geht. Man hat zu diesem Zwecke eine Gruppe von Freiwilligen gesucht, die an dem Experiment teilnehmen sollten. Allerdings hatte man den Freiwilligen gesagt, dass es sich um ein Experiment zum Erforschen der Lernfähigkeit handelt. Über den eigentlichen Zweck des Experimentes wurden die Versuchspersonen bewusst im Unklaren gelassen.

Die Versuchspersonen wurden so ausgewählt, dass sich ein repräsentativer Querschnitt durch die amerikanische Bevölkerung ergab.

Den Versuchspersonen wurde gesagt, dass sie als „Lehrer" einer anderen Person, die in einem Nebenraum saß, und für den „Lehrer" nicht sichtbar war, eine Reihe von Fragen über eine Sprechanlage stellen sollten. Wenn die Person im Nebenzimmer eine falsche Antwort gab, so sollte der „Lehrer" diesen „Schüler" mit einem Stromstoß bestrafen. Dazu hatte der „Lehrer" ein Schaltpult mit einem Regler vor sich. Die Stärke der Stromstöße ließ sich dabei in einem Spektrum von „unangenehm, aber harmlos" bis hin zu schweren, potenziell tödlichen Elektroschocks einstellen.

Nun begann das Experiment. Überwacht wurde das Ganze von einer dritten Person, die in einem weißen Kittel gekleidet war und einen Wissenschaftler darstellte.

Der „Lehrer" begann nun, der für ihn nicht sichtbaren Person im Nebenzimmer, die vorbereiteten Fragen zu stellen. Wann immer der angebliche „Schüler" einen Fehler machte, verabreichte der „Lehrer" dem „Schüler" einen kleinen, aber unangenehmen Stromstoß. Nach einigen falschen Antworten befahl der Versuchsleiter dem „Lehrer", die Stromstöße zu erhöhen, und dem „Schüler" einen heftigeren Stromschlag zu verpassen. Jetzt hörte man beim Verabreichen des

Stromschlages bereits erste Schmerzenslaute von der Person im Nebenzimmer. Nach einigen weiteren falschen Antworten befahl der Versuchsleiter dem „Lehrer", die Stromstärke erneut zu erhöhen. Bis in einen Bereich, der bereits mit „sehr schmerzhaft" gekennzeichnet war. Jetzt waren aus dem Nebenzimmer Schreie und Stöhnen zu hören. Der „Schüler" schrie, wenn er die Stromstöße erhielt, und gab unartikulierte Laute von sich. Der Versuchsleiter befahl dem „Lehrer" mit der nächsthöheren Stromstärke fortzufahren. Bis hin zu einer Stromstärke, die mit „Lebensgefahr" gekennzeichnet war.

Wenn der „Lehrer" vorsichtige Einwände gegenüber dem angeblichen Versuchsleiter erhob, erhielt er nur die Antwort:

„Machen Sie weiter. Ich übernehme die volle Verantwortung."

Das Ergebnis des Experiments war erschreckend: Nur ein verschwindend geringer Prozentsatz der Versuchspersonen weigerte sich wirklich, das Experiment bis zum Ende durchzuführen. Kombination aus autoritärem Auftreten, weißem Kittel und dem Hinweis, dass er als Lehrer keine Verantwortung trägt, haben bei den meisten Versuchspersonen ausgereicht, um das Experiment bis zum bitteren Ende (der Schüler reagiert nicht mehr auf die Stromschläge) durchzuführen.

Es versteht sich von selbst, dass dem angeblichen Schüler im Nebenraum in Wirklichkeit gar keine Stromschläge versetzt wurden. Die Schreie und Schmerzenslaute kamen von einem Tonband.

Das Milgram-Experiment ist der Beweis, dass ganz normale Menschen sogar bereit sind, andere Menschen zu foltern, wenn die Anweisung dazu nur von einer vermeintlichen Autorität kommt, die ihnen noch dazu versichert, dass sie selbst für die Folgen dieser Handlung nicht verantwortlich sind.

Auch Kriminelle kennen die Regel der Autorität

Es versteht sich von selbst, dass dieser blinde Glaube an Autoritäten auch von Menschen ausgenutzt wird, die es nicht so gut mit Ihren Mitmenschen meinen. Ganz egal, ob es sich nun um das Schwarz eines Geistlichen, das Olivgrüne eines Soldaten, das Blau eines Polizisten oder um den guten Anzug eines seriösen Geschäftsmannes handelt, immer wieder nutzen auch Kriminelle die Wirkung von Uniformen aus, um ihre Mitmenschen um ihr Geld zu bringen. Dabei sind dem Erfindungsreichtum kaum Grenzen gesetzt. Zu den primitiveren Varianten dieser Methode gehört dabei noch, dass zum Beispiel eine Polizeiuniform benutzt wird, um Bußgelder zu kassieren oder sich Zutritt zu einer Wohnung zu verschaffen.

Erst kürzlich wurden in Hamburg drei Männer verhaftet, die als falsche Polizisten auftraten und auf diese Weise versuchten, Rentner um ihre Ersparnisse zu erleichtern. Dazu wurden die meist alten Damen zunächst von den Ganoven angerufen. Dabei gaben sich die Gangster als Mitarbeiter der Bank aus. Den alten Damen wurde erzählt, dass es in der Bank einen Maulwurf gäbe, der Gelder unterschlägt, und ihre Ersparnisse wären aus diesem Grund nicht mehr sicher. Die alten Damen sollen ihre Ersparnisse unverzüglich abheben, da ihr Geld auf der Bank nicht mehr sicher sei. Nach dem es gelungen war, die alten Damen zum Abheben des Geldes zu bewegen, tauchten die Täter dann als angebliche Bankangestellte (mit einem Blumenstrauß) und einem ebenso falschen Polizeibeamten an der Haustür der alten Damen auf. Der falsche Bankangestellte entschuldigte sich für die Unannehmlichkeiten, die den alten Damen entstanden waren, und bot an, das Geld gleich wieder mitzunehmen und wieder auf deren Konten zu deponieren. Der angebliche Maulwurf in der Bank wäre inzwischen gefasst worden. Es versteht sich von selbst, dass das Geld nach der Übergabe auf Nimmerwiedersehen verschwunden ist. Es gibt von diesem Trick zahlreiche Variationen und alle leben von der geborgten Autorität der falschen Bankbeamten und Polizisten, die diese hauptsächlich ihren falschen Uniformen beziehungsweise der gepflegten Kleidung verdanken.

Experten wird blind vertraut

Der Glaube an Experten spielt eine immer größere Rolle. Wahrscheinlich liegt das mit an der zunehmenden Ausbreitung neuer Informationstechnologien. Wir erhalten immer mehr Informationen, deren Richtigkeit wir nicht selber überprüfen können, weil uns das erforderliche Fachwissen oder praktische Erfahrung mit dem betreffenden Thema fehlt. Experten sollen für uns entscheiden, was richtig und falsch ist. Dabei ist in den letzten Jahren eine fast schon blinde Expertengläubigkeit entstanden. Dabei muss oft gar kein leibhaftiger Experte mehr präsentiert werden.

Oft reicht schon die bloße Behauptung, dass etwas von Experten befürwortet oder abgelehnt wird, um einer Botschaft gesteigerte Glaubwürdigkeit zu verleihen. Zusätzliches Gewicht bekommt eine Aussage, wenn zusätzlich noch genaue Prozentzahlen eingeführt werden.

Beispiel: „Experten der WHO warnen vor der weltweit zunehmenden Fettleibigkeit. Bereits 25 % der Weltbevölkerung leidet an Übergewicht."

Schutzmaßnahmen

Wie genau können Sie sich vor Manipulation durch die Regel der Autorität schützen und wie genau können Sie es anstellen, sich selbst dieses Gesetz zunutze zu machen?

Zunächst einmal sollten Sie die Glaubwürdigkeit von Experten und Autoritätspersonen generell infrage stellen. Lassen Sie sich nicht von einem Doktortitel, einem weißen Kittel oder einer Uniform blenden. Auch ein Maßanzug bedeutet noch lange nicht, dass sein Träger deswegen glaubwürdig ist, oder es gut mit Ihnen meint. Ganz besonders gilt das für Krawattenträger. Die Krawatte ist bei den meisten Menschen aus unserem Kulturkreis als Symbol der Autorität im Unterbewusstsein verankert. Deswegen wird dieses Kleidungsstück auch von allen Menschen genutzt, die uns von Berufs wegen beeinflussen wollen und die darauf angewiesen sind, Seriosität und Autorität auszustrahlen:

Politiker, Banker, Geschäftsleute, Verkäufer und Vertreter aller Art. Die Krawatte ist auch Bestandteil der meisten Uniformen, sicherlich kein Zufall. Hinterfragen Sie immer die Position der vermeintlichen Autorität. Im Zweifel stellen Sie sich die betreffende Person einfach nackt vor.

Auf der anderen Seite sollten Sie jetzt aber nicht über das Ziel hinausschießen und von nun an anfangen, jede Art von Autorität generell in Zweifel zu ziehen. Denn in den meisten Fällen haben wir ja gute Gründe, uns Autoritäten unterzuordnen. Wir tun, was der Arzt, der Anwalt oder Computerfachmann uns rät, weil diese Leute eben Spezialisten und Experten auf ihrem Gebiet sind, und wissen, was sie tun. Wir selber sind meist nicht in der Lage, uns kurzfristig deren Wissen anzueignen. Wenn Sie Zahnschmerzen haben, haben Sie keine Zeit, das Wissen eines Zahnarztes zu erlernen, um sich selbst zu behandeln.

Selbstverständlich können Sie den Spieß auch umdrehen. Wenn Sie selbst andere Menschen beeinflussen wollen, kann es sinnvoll sein, wenn Sie sich selbst einen Expertenstatus zulegen. Egal, ob Sie im Internet Produkte verkaufen wollen, ein Büro als Immobilienmakler betreiben oder Beratungsdienstleistungen jeglicher Art anbieten: In allen diesen Fällen ist es sinnvoll, wenn Sie sich selbst einen Expertenstatus verleihen, mit dem Ihr Wort mehr Gewicht bekommt und Sie sich in den Augen Ihrer Mitmenschen selbst ins rechte Licht setzen.

Es gibt viele Wege, um einen solchen Expertenstatus zu erreichen. Wenn Sie sich zum Beispiel im Internet als Experte auf einem bestimmten Gebiet positionieren wollen, können Sie mit einem Blog, dem Schreiben von Fachartikeln und dem Veröffentlichen von Buchtiteln auf Amazon Ihren Expertenstatus unterstreichen. Diesen Expertenstatus zu erreichen, ist eine der wirkungsvollsten Möglichkeiten überhaupt, um Ihre eigene Autorität zu steigern und Ihren eigenen Worten wesentlich mehr Gewicht zu verleihen. Schaffen Sie es, in einem bestimmten Gebiet als Experte anerkannt zu werden, dann wird Ihnen dort lange Zeit niemand mehr etwas vormachen können.

3.7. Die Regel des Kontrasts

Das Kontrastgesetz ist das Letzte der sieben Regeln der Manipulation. Es beruht im Wesentlichen auf einer Wahrnehmungsverzerrung. Wir neigen dazu, zwei recht verschiedene Dinge, die uns zusammen vorgestellt werden, als „unterschiedlicher" wahrzunehmen, als sie tatsächlich sind. Die gleiche Sache kann in Abhängigkeit von der Art des Ereignisses, das vorangeht, anders wahrgenommen werden. Was bedeutet das?

Wenn wir zwei Produkte in einer unterschiedlichen Preislage haben - nehmen wir zum Beispiel an, zwei Armbanduhren, dann kommt es zu einer interessanten psychologischen Wirkung. Wird einem Kunden zuerst die billigere Uhr präsentiert und im Anschluss die Teurere, so wirkt die teure Uhr durch das Kontrastprinzip mit der billigen Uhr noch teurer, als sie ohnehin schon ist.

Präsentiert man dagegen dem Kunden zunächst die teure Uhr und anschließend die Billige, so wird die billige Uhr durch den voran gegangenen Kontrast noch billiger wirken. Man kann auf diese Weise Kaufentscheidungen steuern und herbeiführen.

Nehmen wir an, wir verkaufen ein digitales Produkt im Internet zum Download. Wir haben drei verschiedene Varianten zur Auswahl: Ein extrem abgespecktes Paket für 49,- EUR, dem wichtige Features fehlen, und dass trotz des günstigen Preises nur eingeschränkten Nutzen für den Kunden hat. Außerdem ein Produkt in einer mittleren Preislage von 99,- EUR und ein Premiumprodukt für 299,- EUR, dass zusätzlich ein persönliches Coaching enthält. Die meisten Kunden werden sich für das 99,- EUR-Produkt entscheiden, besonders, wenn es zusätzlich noch als „best value" oder „meist verkauft" ausgezeichnet wird. (Hier kommt dann auch die Regel des Herdentriebs zum Tragen). Das billige Produkt schreckt ab, weil offensichtlich wichtige Features fehlen und der Kunde den Eindruck hat, keinen adäquaten Gegenwert zu bekommen. Das hochpreisige Produkt ist so teuer, dass das mittelpreisige Produkt automatisch wie eine gute Alternative wirkt. Manche

Anbieter bieten extra ein besonders hochpreisiges Paket an, mit dem Hintergedanken, damit den Absatz des mittleren Paketes zu fördern, das dadurch automatisch preiswerter und vorteilhafter wirkt.

Auch Immobilienmakler nutzen die Wirkung der Regeln des Kontrasts. Sie zeigen einem Kunden zunächst ein völlig heruntergekommenes Objekt zu einem überhöhten Preis. Anschließend ein Haus in gutem Zustand aber zu einem exorbitant hohen Preis. Und schließlich ein Haus in durchschnittlichem Zustand zu einem immer noch stattlichen Preis, der jedoch wesentlich geringer ist, als der Preis des Hauses, das zuvor besichtigt wurde. Das letzte Angebot wirkt dann für den Kunden wesentlich preiswerter und attraktiver, als es eigentlich ist. Wir müssen etwas Aufmerksamkeit an den Tag legen, denn das Kontrastgesetz wird nahezu überall angewendet, wo etwas verkauft wird und wo versucht wird, etwas besonders günstig erscheinen zu lassen. Es kann natürlich auch anders herum angewandt werden. Will man zum Beispiel einem Angestellten eine Belohnung zukommen lassen, so lässt man ihm zunächst eine sehr bescheidene Vergünstigung zukommen, die sich hart an der Grenze zur Schäbigkeit bewegt, und lässt erst darauf die eigentliche Belohnung folgen, die dann im Vergleich zu der ersten Vergünstigung wesentlich glanzvoller wirkt, als dies unter normalen Umständen der Fall gewesen wäre.

Das Kontrastgesetz funktioniert auch umgekehrt. Nehmen wir an, Ihr Chef will Ihnen eine wirklich unangenehme Arbeit aufhalsen, die eigentlich eine Zumutung darstellt. Bevor er Ihnen den eigentlichen Job aufhalst, gibt er Ihnen erst einmal eine Anweisung, die Sie eigentlich nur ablehnen können. Zum Beispiel, Ihren beantragten und lange genehmigten Urlaub wieder aufzuheben und stattdessen einen Sonderauftrag aufzuführen. Wenn Sie dieses Ansinnen zurückweisen, wird er dann mit der eigentlichen Aufgabe kommen (Überstunden am Freitagabend.). Weil Sie ja gerade eben eine viel größere Zumutung abgelehnt haben, kommen Ihnen die Überstunden plötzlich nicht mehr so dramatisch vor.

Oder vielleicht haben auch Ihre Eltern Ihnen gegenüber in Ihrer Kindheit die Kontraststrategie angewendet: Sie wurden vor die Wahl gestellt, entweder den ganzen Tag im Garten Unkraut zu jäten oder das Zimmer aufzuräumen.

Diese Regel wirkt überall

Diese Strategie funktioniert fast immer und wird in unglaublich vielen Abwandlungen angewandt. Zum Beispiel bieten Versicherungsvertreter gerne als Erstes eine Lebensversicherung mit einer sehr langen Laufzeit von 30 Jahren oder mehr an. Wenn der Kunde dann ablehnt, kann der Vertreter dann immer noch eine Kapitallebensversicherung mit einer geringeren Laufzeit von zum Beispiel 25 oder 20 Jahren vorschlagen. In beiden Fällen kann der Vertreter nur gewinnen. Akzeptiert der Kunde das erste Angebot, hat er einen hervorragenden Abschluss mit der maximal möglichen Provision. Lehnt der Kunde ab und der Vertreter verkauft die kleinere Police, hat er trotzdem ein gutes Geschäft gemacht.

Oder ein Autoverkäufer: Er wird im Zweifelsfall immer zuerst versuchen, dem Kunden ein teures Modell mit vielen Extras anzubieten. Wenn der Kunde dann über den hohen Preis erschrocken ist, kann der Autoverkäufer danach das Auto anbieten, dass er dem Kunden eigentlich verkaufen will. Und sollte der Kunde das teure Auto mit den vielen Extras wider Erwarten kaufen, dann hat der Verkäufer einen umso höheren Gewinn gemacht.

Auch Politiker arbeiten gerne mit dem Kontrastgesetz. Wenn neue Gesetze und Verordnungen geplant werden, lässt man oft erst einmal eine extreme Version eines Gesetzesentwurfes an die Öffentlichkeit gelangen. Wenn sich dann die Entrüstung legt, wird eine entschärfte Version ausgearbeitet, die vermutlich dem entspricht, was ohnehin geplant war.

Das Kontrastgesetz bei der Polizei

Auch die Polizei arbeitet mit dem Kontrastgesetz: Eine beliebte Anwendung der Kontrastregel findet bei Verhören statt. Und zwar bei der Verhörstrategie: „Guter Polizist – Böser Polizist". Das Ganze funktioniert folgendermaßen: Ein Verdächtiger wird von zwei Polizisten verhört. Von den beiden Polizisten tritt der Erste, der den Verdächtigen verhört, betont grob und unfreundlich auf. Er tut alles, um dem Verdächtigen seine Abneigung spüren zu lassen, behandelt ihn grob und erniedrigend bis an die Grenze dessen, was bei einem Verhör zulässig ist. Er versucht, den Verdächtigen mit einer Aussicht auf eine lange Haftstrafe einzuschüchtern. Er macht dem Verdächtigen klar, dass er ihn persönlich nicht mag und alles versuchen wird, um ihn so lange wie nur irgendwie möglich hinter Schloss und Riegel zu bringen.

Der zweite Polizist hält sich dabei zunächst eine Weile zurück und stellt nur gelegentlich ein paar Zwischenfragen. Er verhält sich zunächst neutral.

Nach dem der „böse Polizist" den Verdächtigen massiv einschüchtert und anschreit, schlägt sich der zweite Polizist erstmals auf die Seite des Verdächtigen, indem er versucht, mäßigend auf seinen Kollegen einzuwirken. „Komm Harry, der ist doch noch ein halbes Kind, nun komm mal ein bisschen runter." Sein Kollege lässt sich nicht besänftigen und fährt mit dem Verhör im selben aggressiven Stil fort.

Sein freundlicher Kollege fährt damit fort, begütigend auf seinen Kollegen einzureden. Der Verdächtige beginnt, etwas Sympathie zu dem zweiten Polizisten zu empfinden, schon einfach deshalb, weil er ihm weniger zusetzt als sein Kollege, und deutlich verständnisvoller wirkt.

Nach einer gewissen Zeit ist der Verdächtige zermürbt von dem brutalen Verhör des „bösen Polizisten". Schließlich muss der „böse Polizist" eine Weile den Raum verlassen. Warum ist eigentlich egal. Zum Beispiel kann der „gute Polizist" sagen: „Harry, mach doch mal Pause und hol uns drei Kaffee. Ich mach hier so lange weiter. Vielleicht bekomme ich noch was aus ihm raus". Oder der „böse Polizist" wird von einem Vorgesetzten herausgerufen. Oder er muss auf die Toilette. In jedem Fall handelt es sich nur um einen Vorwand.

Jetzt, wo der „gute Polizist" mit dem Verdächtigen allein ist, ist er betont verständnisvoll. Er versucht dem Verdächtigen klar zu machen, dass er nur sein bestes will, dass er einen Sohn in seinem Alter hat und dass er jetzt nicht sein Leben verpfuschen soll. Er wird dem Verdächtigen klar machen, wie positiv sich ein Geständnis auf den weiteren Verlauf auswirken könnte und dass er vielleicht sogar mit einer Bewährungsstrafe davon kommt, wenn er jetzt ein Geständnis liefert. Und dass man dann natürlich auch das Verhör mit dem „bösen Polizisten" nicht weiter fortsetzen muss.

Die Wahrscheinlichkeit, dass der Verdächtige unter dieser Behandlung irgendwann einknickt und sich dem „sympathischen" Polizisten gegenüber öffnet, ist relativ groß. Ganz besonders dann, wenn dem zu Verhörenden diese Technik noch nicht bekannt ist. Aber selbst wenn, ist die Wahrscheinlichkeit groß, dass diese Technik irgendwann zum Ziel führt und der Verdächtige kooperiert.

Denn selbst, wenn die „Guter-Polizist-böser-Polizist" Technik dem Verdächtigen bekannt ist, so laufen trotzdem Prozesse im Unterbewusstsein ab, gegen die wir uns nur schwer wehren können.

Abwehrmaßnahmen

Sich vor dem Kontrastgesetz zu schützen ist nicht einfach, da unser Gehirn automatisch Bewertungen durchführt, wenn es verschiedene Dinge nebeneinander sieht. Weil das Kontrastgesetz so gut funktioniert und zudem sehr unauffällig wirkt, ist es gar nicht so einfach, sich immer seiner Wirkung zu entziehen. Es kommt fast überall zum Einsatz, wo etwas verkauft wird und verschiedenpreisige Waren zusammen präsentiert werden.

Wenn Sie die Wahl zwischen mehreren Angeboten in unterschiedlicher Preislage haben, dann fragen Sie sich, ob hier gerade das Kontrastgesetz eingesetzt wird, um Sie zu einem bestimmten Verhalten zu bewegen und Ihnen ein ganz bestimmtes Angebot schmackhaft zu machen. Die Sache ist nicht immer auf Anhieb zu durchschauen und es kann sein, dass Ihnen das eine oder andere Mal der Einsatz der Kontrastregel einfach nicht auffällt. Sie werden nach und nach aber Übung darin entwickeln, den Einsatz dieser Technik zu enttarnen.

Versuchen Sie, die Dinge einzeln für sich zu betrachten und konzentrieren Sie sich dabei nur auf das Angebot, was Sie wirklich interessiert und blenden Sie die anderen Teile in Ihrem Bewusstsein aus. Hinterfragen Sie dann das Angebot noch einmal systematisch und stellen Sie sich die Frage, ob der Preis wirklich so günstig ist, wie er im ersten Moment gewirkt hat. Wenn Sie verstanden haben, wie das Kontrastgesetz funktioniert, sollte es außerdem ein Leichtes sein, sich dieses Gesetz selber zunutze zu machen.

Denken Sie aber daran, dass das Kontrastgesetz nicht immer so offensichtlich zur Anwendung kommen muss. Wie wir am Beispiel Politik und Polizei gesehen haben, muss das Kontrastgesetz nicht immer in typischen Verkaufssituationen zur Anwendung kommen. Sein Anwendungsbereich ist wesentlich breiter. Das Kontrastgesetz kann immer da angewandt werden, wo man Sie vor verschiedene Alternativen stellt.

Selbstverständlich können Sie das Kontrastgesetz auch selbst anwenden. Die Funktionsweise sollte jetzt klar sein und Sie werden bei etwas Nachdenken sicherlich eine Möglichkeit finden, es zunächst einmal im engeren Freundes- oder Familienkreis auf seine Wirkung zu testen und erste praktische Erfahrungen damit zu sammeln.

4. Zusammenfassung

Im Folgenden haben wir noch einmal alle sieben Manipulationsmethoden in einer Übersicht für Sie zusammengefasst. Verinnerlichen Sie sich alle sieben Techniken noch einmal. Es ist wichtig, sich jederzeit aller sieben Varianten bewusst zu sein, wenn Sie sich effektiv vor ungewollter Beeinflussung schützen wollen.

1. Die Regel der Gegenseitigkeit

- Wir fühlen uns verpflichtet, uns für empfangene Gefälligkeiten zu revanchieren

- Selbst ungebetene Gefälligkeiten erzeugen diese Wirkung

- Wir können selber Zugeständnisse machen, um den Spieß umzudrehen und unser Gegenüber unter Druck setzen, die Gefälligkeit zu erwidern

Abwehrmöglichkeiten: Die Gefälligkeit / das Geschenk annehmen und sich bewusst machen, dass es sich um eine versuchte Manipulation handelt. Oder, wenn Ihnen sonst zu unwohl damit ist: Das Geschenk höflich zurückweisen. Besonders, wenn es sich um ein ungebetenes Geschenk von Fremden handelt, ist das die beste Option, weil gar nicht erst Druck aufgebaut werden kann und die Regel der Gegenseitigkeit so wirkungslos verpufft.

2. Die Regel der Verknappung

- Dingen, die tatsächlich oder scheinbar knapp sind, messen wir einen höheren Wert bei, als solchen, die unbegrenzt verfügbar sind

- Besonders gilt das, wenn wir mit anderen Personen um diese

Güter konkurrieren

Abwehrmöglichkeiten: Die eigene Erregung runter kühlen, die Sache nüchtern durchdenken. In den meisten Fällen ist weder die Knappheit wirklich so groß noch das Produkt wirklich wichtig. Besser Sie vergleichen zu Hause in Ruhe die Preise bei verschiedenen Anbietern im Internet und suchen sich dann gezielt das beste Angebot heraus. Lassen Sie sich niemals vom Gesetz der Knappheit unter Zeitdruck setzen und zum Handeln zwingen – kein Angebot ist das wert. Meistens werden solche Spontankäufe später bereut.

3. Die Regel der Autorität

- Menschen neigen dazu, tatsächlichen oder vermeintlichen Autoritäten und Experten zu folgen

- Der Autoritätsstatus kann zum Beispiel durch entsprechende Kleidung wie Uniform oder Maßanzug hergestellt werden. Aber auch ein akademischer Grad oder die schlichte Behauptung, dass jemand „Experte" für irgendetwas ist, kann manchmal schon ausreichen

Abwehrmöglichkeiten: Hinterfragen Sie Autoritäten immer, egal, in welchem Gewand oder Kostüm sie auftreten. Uniformen, weißer Arztkittel, Maßanzug – alle diese Dinge können unser Urteilsvermögen drastisch beeinträchtigen und sollten immer hinterfragt werden. Experten verfolgen womöglich keine uneigennützigen Interessen und können gekauft sein

4. Die Regel der Sympathie

- Wir neigen dazu, Menschen einen Gefallen zu tun, die wir sympathisch finden

- Wir finden Menschen sympathisch, die uns ähnlich sind

- Wir finden Menschen sympathisch, die uns schmeicheln

- Die Sympathie, die wir einem Menschen gegenüber haben, kann auf ein Produkt oder eine Kampagne übertragen werden, die damit überhaupt nichts zu tun hat

Abwehrmöglichkeiten: Begegnen Sie Produkten, die von Prominenten oder von niedlichen Kindern, Tieren oder bekannten Zeichentrickfiguren beworben werden, grundsätzlich mit Skepsis. Der Autor dieses Buches geht sogar so weit, grundsätzlich keine Produkte zu kaufen, die in aufwendigen Werbespots von Prominenten angepriesen werden. Konzentrieren Sie sich auf das Produkt und denken Sie sich den Prominenten weg. Sind zum Beispiel die Kaffeekapseln ohne den Schauspieler, der sie bewirbt, immer noch so mondän und aufregend? Oder ist es einfach nur eine besonders umweltschädliche Art, Kaffee in Miniportionen völlig überteuert zu verkaufen?

5. Die Regel des Herdentriebs

- Menschen neigen dazu, sich an anderen Menschen zu orientieren, wenn Sie sich unsicher fühlen und nicht wissen, wie sie handeln sollen

- Wir betrachten ein Verhalten in dem Maß als richtig, wie wir es bei anderen beobachten

Abwehrmöglichkeiten: Aufmerksamkeit bezüglich manipulierter Informationen zum Handeln ähnlicher Personen. Nur, weil Millionen von Lemmingen über die Klippen ins Meer springen, müssen Sie dabei nicht mitmachen. Es ist immer besser, sich nicht von der Masse beeinflussen oder zu unüberlegtem Handeln mitreißen zu lassen.

6. Die Regel der Konsistenz

- Wer sich zu einer Sache einmal verpflichtet, tut alles, um dem zu entsprechen (oft auch selbst gegen die eigene Überzeugung)

- Wir wollen in Worten, Überzeugungen und Taten konsistent

sein und erscheinen

- Ein Anreiz kann später auch entfernt werden, ohne, dass es der zuerst gegebenen Verpflichtung schadet

Abwehrmöglichkeiten: Auf "Signale aus dem Magen" und "dem Grunde unseres Herzens" hören. Meinungen kann man ändern und nur, weil Sie einmal „ja" gesagt haben, müssen Sie das beim nächsten Mal nicht wieder tun, wenn Sie ein schlechtes Gefühl dabei haben. Wer „A" sagt muss keineswegs immer auch „B" sagen. Lassen Sie sich nicht vom Gesetz der Konsistenz ins Bockshorn jagen und bleiben Sie in Ihren Ansichten flexibel. Oder um Bundeskanzler Konrad Adenauer zu zitieren: „Was geht mich mein dummes Gerede von gestern an?"

7. Die Regel des Kontrasts

- Wir neigen dazu, verschiedene Dinge als unterschiedlicher wahrzunehmen, als sie tatsächlich sind

- Die gleiche Sache kann in Abhängigkeit von der Art des Ereignisses, das vorangeht, anders wahrgenommen werden. Sehr teuer zuerst, dann scheint das (an sich Teurere) „günstig"

Abwehrmöglichkeiten: Lassen Sie sich nicht irritieren und betrachten Sie jedes Produkt für sich ohne sich von den „Vergleichsobjekten" beeinflussen zu lassen. Es ist nicht ganz einfach, aber mit etwas Übung ist das machbar.

5. Manipulation und Moral

Wie steht es eigentlich mit der ethischen Seite? Ist es moralisch einwandfrei, diese Manipulationstechniken selbst einzusetzen? Diese Frage ist gar nicht so einfach zu beantworten. Vor allem ist sie nicht *eindeutig* zu beantworten. Ob der Einsatz der hier beschriebenen Manipulationstechniken moralisch vertretbar ist, hängt ganz vom jeweiligen Einzelfall ab. Wenn Sie zum Beispiel Ihr Auto verkaufen wollen und es gibt zahlreiche Interessenten, dann ist es moralisch völlig okay, wenn Sie sich die Regel der Knappheit zunutze machen und Ihre potenziellen Kaufinteressenten darauf hinweisen, dass es zahlreiche andere Interessenten gibt, die das Auto ebenfalls kaufen möchten.

Völlig anders sieht es dagegen aus, wenn wir das Beispiel aus dem Gesetz der Konsistenz betrachten, wo jemandem für den Kauf eines Staubsaugers ein zusätzliches, kostenloses iPhone versprochen wird, und der Kunde am Ende mit einem weit billigeren Handy vertröstet wird, weil das iPhone angeblich gerade vergriffen ist. Hier liegt eine bewusste Irreführung des Kunden in betrügerischer Absicht vor, wenn der Verkäufer von vorneherein gar nicht die Absicht hatte, das Handy zu liefern.

Ob es uns gefällt oder nicht, Menschen versuchen schon von Kindheit an, andere Menschen zu beeinflussen. Schon Kinder versuchen sich gegenseitig dazu zu überreden, Spielzeug an andere Kinder zu leihen oder es zu teilen. Schon Kinder versuchen, auch ihre Eltern zu bestimmten Geburtstags- oder Weihnachtsgeschenken zu überreden. Das Beeinflussen anderer Menschen um unsere eigenen Ziele zu erreichen, ist eine normale Verhaltensweise, die wohl allen Menschen angeboren ist. Die Frage ist, ab welchem Moment aus einem normalen Verhalten eine moralisch verwerfliche Handlung oder gar eine Straftat wird. Ganz klar: Wenn Sie die sieben Regeln nutzen, um falsche Tatsachen vorzuspiegeln und sich dann auf Kosten anderer zu bereichern, dann ist das Betrug. Wenn jemand die Regel der Autorität missbraucht, um sich mit einer falschen Uniform oder einem erfundenen Titel Autorität zu verschaffen, dann ist das Betrug.

Wenn jemand, wie die Bhagwan-Jünger, Menschen zum Spenden nötigt, indem den Opfern zuvor unerwünschte Geschenke in Form von Rosen aufgedrängt werden, dann ist das zwar nicht strafbar, aber zumindest moralisch fragwürdig.

Wenn Produkte künstlich verknappt werden, um Menschen zum Kauf zu animieren, dann ist das zwar nicht illegal, aber ebenfalls moralisch fragwürdig.

Leider kommt es häufig vor, dass wir mit den sieben Manipulationstechniken ganz bewusst übervorteilt, getäuscht und in die Irre geführt werden sollen. Das ist schade, aber wir müssen dieser Realität ins Auge sehen, so unschön sie ist.

Es gibt nur eine Möglichkeit, sich vor diesem Missbrauch zu schützen: Die sieben Manipulationstechniken zu erkennen und ihnen damit ihre Wirksamkeit zu nehmen. Das ist leichter gesagt als getan und erfordert einige Übung, da diese ihre Wirkung ja völlig automatisch im Unterbewusstsein entfalten kann, bevor der Verstand die Manipulation bewusst wahrgenommen hat. Mit etwas Übung schafft man es aber schließlich, den eigenen Verstand und das eigene Bewusstsein so weit zu sensibilisieren, dass der Manipulationsversuch rechtzeitig aufgedeckt und unterbunden werden kann.

Jede der sieben Regeln kann missbraucht werden und jede der sieben Regeln wird jeden Tag missbraucht. Das sollte Sie aber nicht davon abhalten, selber diese sieben Regeln zu verinnerlichen und sich mit der praktischen Anwendung so gut wie möglich vertraut zu machen. Bitte bleiben Sie selbst dabei im Rahmen des moralisch Vertretbaren.

Durch den Missbrauch der Manipulationstechniken ist es zwar möglich, kurzfristige Vorteile zu erlangen, langfristig zahlt sich ein solches Vorgehen aber nicht aus.

6. Wie Sie selber erfolgreich manipulieren

Kommen wir nun zum praktischen Vorgehen bei der Abwehr von Manipulationsversuchen. Dazu brauchen Sie eine konkrete Strategie, um das neu erworbene Wissen auch praktisch einsetzen zu können. Erwarten Sie nicht, dass Sie mit dem Wissen, dass Sie bis jetzt erlangt haben schon automatisch vor allen Manipulationspraktiken geschützt sind. Das ist selbstverständlich nicht der Fall. Gut, Sie haben jetzt die theoretische Basis kennengelernt. Sie wissen jetzt, wie die sieben Regeln der Manipulation funktionieren und wo Sie damit rechnen müssen, von einer dieser Regeln manipuliert zu werden. In der Realität ist alles wieder einmal deutlich schwieriger. Was sich in der Theorie noch ganz einfach anhört, wird Sie in der Praxis erst einmal gehörig ins Schwitzen bringen. Denn die Praxis ist wesentlich komplexer als die Theorie. Vielleicht der wichtigste Unterschied: Sie werden selten nur einer Manipulationstechnik ausgesetzt sein.

6.1. Profis arbeiten mit Kombinationen

Profis wissen, dass die Techniken, richtig kombiniert, ihre Kräfte vervielfachen, was die Wirkung der sieben Manipulationstechniken noch einmal drastisch erhöht. Gleichzeitig wird es beim Zusammenwirken mehrerer Manipulationstechniken deutlich schwieriger, in der ganzen Angelegenheit den roten Faden und das Ziel der Manipulation zu erkennen.

Um ein Beispiel zu nennen: Die Regel der Sympathie lässt sich hervorragend mit sämtlichen anderen Regeln kombinieren. Wenn der Manipulator sympathisch ist, kann er die anderen sechs Regeln selbstverständlich umso leichter anwenden, weil schon die bloße sympathische Ausstrahlung ausreicht, die Willfährigkeit der zu manipulierenden Personen deutlich zu erhöhen. Die Regel der Sympathie wird in dem Beispiel mit dem „guten" und dem „bösen" Polizisten eindrucksvoll mit dem Kontrastgesetz kombiniert. Der „gute" Polizist wirkt durch das Kontrastgesetz noch sympathischer, als dies vielleicht ohnehin schon der Fall ist.

Auch die Regel der Gegenseitigkeit wird durch eine sympathische Person, die es in die Praxis umsetzt, in seiner Wirkung noch einmal verstärkt. Eine sympathische Ausstrahlung wirkt also auf alle anderen Regeln wie ein Verstärker.

Ähnliches gilt für die Regel der Autorität. Wird die Regel der Autorität erfolgreich mit dem Gesetz der Sympathie kombiniert, indem zum Beispiel ein extrem gut aussehender Ganove in einer falschen Polizeiuniform auftritt, dann hat er leichtes Spiel auch noch die anderen Regeln anzuwenden. Auch das Verknappungsgesetz lässt sich ausgezeichnet mit einigen der anderen Regeln kombinieren.

Als Extrembeispiel wäre es sogar denkbar, dass jemand alle sieben Regeln zusammen bei einem einzigen Anlass anwendet - aber das dürfte eher die Ausnahme sein.

6.2. Halten Sie die Augen offen

Jetzt kommt es darauf an, praktische Erfahrungen zu sammeln. Suchen Sie sich zunächst eine der Manipulationstechniken aus, am besten eine die relativ leicht erkennbar ist, wie beispielsweise die Regel der Gegenseitigkeit oder die Regel der Sympathie. Konzentrieren Sie sich erst einmal nur auf dieses eine Gesetz und beobachten Sie aufmerksam Ihre Umgebung. Versuchen Sie zu erkennen, wo überall man versucht, Sie mit dieser Technik zu beeinflussen. Beobachten Sie Ihre Vorgesetzten, Ihre Arbeitskollegen und Ihre Familienangehörigen ebenso, wie Werbespots im Fernsehen, im Radio, im Internet. Halten Sie im Supermarkt und in Shopping-Malls die Augen offen. Machen Sie sich am besten jedes Mal eine kurze Notiz, wenn Ihnen ein Manipulationsversuch auffällt.

Je genauer Sie Ihre Umgebung beobachten und je genauer Sie die verschiedenen Manipulationsversuche registrieren und notieren, desto besser und präziser wird Ihr Beobachtungsvermögen und desto leichter fällt es Ihnen, die Manipulationsversuche zu erkennen und aufzudecken.

6.3. Sie brauchen eine Abwehrstrategie

Wenn Sie schließlich dazu in der Lage sind, die Mehrzahl aller Manipulationsversuche auf Anhieb zu erkennen, beginnen Sie damit, sich eine funktionierende Abwehrstrategie zurechtzulegen, um das betreffende Gesetz der Manipulation auszuhebeln und sich vor seinen Auswirkungen zu schützen. Sie können zum Beispiel damit beginnen, grundsätzlich keine unverlangten Gratisproduktproben und andere fragwürdige „Geschenke" mehr anzunehmen, um sich auf diese Weise wirksam vor dem Gesetz der Gegenseitigkeit zu schützen. Oder Sie nehmen diese Dinge weiterhin an, machen sich dabei aber absolut klar, dass die Annahme dieses Geschenks Sie moralisch zu keinerlei Gegenleistungen irgendwelcher Art verpflichtet.

> ***Arbeiten Sie auf diese Weise nach und nach alle sieben beschriebenen Manipulationstechniken ab, solange, bis Ihnen das Erkennen der Manipulationsversuche in Fleisch und Blut übergegangen ist.***

Sie werden schon nach kurzer Zeit feststellen, dass es nur selten vorkommt, dass eine der sieben Regeln der Manipulation ganz alleine und unabhängig von den anderen Sechs eingesetzt wird. In der Praxis werden fast immer mehrere Regeln der Manipulation auf zum Teil raffinierte und psychologisch genau durchdachte Weise kombiniert. Das macht es nicht eben einfacher, sich der Wirkung dieser Techniken vollständig zu entziehen.

So kommt es zum Beispiel häufig vor, dass die Regel der Sympathie, die Regel der Gegenseitigkeit und die Regel des Herdentriebs miteinander kombiniert werden. Es wäre zum Beispiel denkbar, dass ein

Kaffeehersteller für seine Kaffeekapseln einen Prominenten als Werbefigur einspannt, (Gesetz der Sympathie) und versucht, Sie mit Hilfe von kostenlosen Produktproben durch die Regel der Gegenseitigkeit zum Kauf nötigen. Als zusätzlicher Kaufanreiz werden Sie mit positiven Kritiken zufriedener Kunden bombardiert. Dies ist ein Beispiel mit nur drei kombinierten Techniken. Selbstverständlich finden sich auch Kombinationen von allen sieben Techniken, auch, wenn sich die professionellen Manipulatoren meistens auf drei oder vier Techniken beschränken – viel, hilft nicht immer viel.

Sie werden schnell feststellen, dass Sie sich bei der Abwehr der Manipulationsversuche nicht nur Freunde machen werden. Besonders in Ihrem näheren Umfeld, also am Arbeitsplatz und bei Freunden und Familie kann es sein, dass Sie erst mal wenig Begeisterung auslösen, wenn Sie plötzlich anfangen, sich gegen Einverleibungsversuche zur Wehr zu setzen. Damit müssen Sie leben. Wenn Ihre Umgebung nach einiger Zeit realisiert hat, dass man mit Ihnen nicht alles machen kann und Sie kein leichtes Opfer sind, dann wird sich die Lage beruhigen und Sie werden letztlich an Respekt gewonnen haben.

6.4. Lernen Sie, selbst zu manipulieren

Sie wissen jetzt, wie die Regeln der Manipulation funktionieren, und wie Sie sie gegebenenfalls abwehren können. Es ist jetzt der Zeitpunkt gekommen, wo Sie den nächsten großen Schritt wagen können. Wenden Sie die Regeln der Manipulation selbst an, um sich Vorteile zu verschaffen, und um Ihre eigene Situation zu verbessern. Selbstverständlich müssen Sie üben und Sie können zu Beginn noch keine Wunder erwarten. Sie sind schließlich noch kein Profi. Suchen Sie sich erst einmal ein paar einfache Übungsaufgaben aus.

Fangen Sie am besten klein an, im Familien- und Freundeskreis. Zum Beispiel ist das Kontrastgesetz sehr gut geeignet, um es mit Freunden und Bekannten auszuprobieren. Bitten Sie erst um einen großen, eigentlich völlig unzumutbaren Gefallen, der wahrscheinlich abgelehnt wird, und präsentieren Sie erst danach Ihr eigentliches Anliegen.

Auch die Regel der Gegenseitigkeit lässt sich leicht im eigenen Umfeld ausprobieren. Machen Sie kleine Geschenke. Versuchen Sie, andere Menschen auf diese Weise zu Gegenleistungen zu verpflichten. Experimentieren Sie und finden Sie heraus, was funktioniert.

Die Regel des Herdentriebs können sogar kleine Kinder schon erfolgreich anwenden: „Alle in meiner Klasse haben ein iPhone, bloß ich nicht. Ich will eines zum Geburtstag, weil mich sonst alle auslachen!"

Sie sollten in diesem Buch genügend Anregungen und Beispiele gefunden haben, die Ihnen helfen können, die sieben Regeln passend zu Ihrem persönlichen Umfeld anzuwenden. Auch hier gilt: Übung macht den Meister. Fangen Sie klein an und arbeiten Sie sich dann zu komplexeren Aufgaben vor. Schließlich können Sie dann selbst damit beginnen, die sieben Gesetze der Manipulation selbst zu kombinieren, und sich an größere Ziele heranwagen, wie zum Beispiel Ihren Chef zu einer Gehaltserhöhung zu bewegen.

Wichtig ist, dass Sie dabeibleiben und sich von eventuellen Misserfolgen zu Beginn Ihrer Bemühungen nicht runter ziehen lassen. Auch das gekonnte Manipulieren von Menschen lernt man nicht von heute auf morgen. Denken Sie daran, dass die Experten auf diesem Gebiet oft jahrzehntelange Erfahrung haben und es nur natürlich ist, wenn Sie diesen Vorsprung nicht gleich zu Beginn einholen können.

Schlusswort

Sie haben jetzt verstanden, nach welchen Gesetzmäßigkeiten das Manipulieren von Menschen funktioniert, und wie Sie sich davor schützen können. Sie haben jetzt verstanden, welche vollautomatischen Prozesse im Unterbewusstsein der meisten Menschen ablaufen, und wie mit simplen Auslösern komplexe Handlungen angestoßen werden können.

Natürlich hat der Mensch zwar ein besser ausgestattetes Gehirn als die Putenhenne, vom Beginn dieses Buches, doch trotzdem werden auch wir von selbstständig ablaufenden Verhaltensmustern in viel größerem Ausmaß gesteuert, als uns dies bewusst ist.

Dieses Buch hat Ihnen die Augen geöffnet und Sie kennen jetzt die wichtigsten Tricks, mit denen man uns immer wieder manipuliert und dazu bringt, Dinge zu tun, die wir eigentlich gar nicht wollen. Sie kennen jetzt die Mechanismen, mit denen uns die Profis mittels der sieben Regeln der Überzeugung dazu bringen, ihnen gefügig zu sein und ihren Absichten zu gehorchen.

Vielleicht waren Sie anfangs überrascht, wie simpel die Gesetzmäßigkeiten sind, denen der menschliche Verstand gehorcht und Sie konnten kaum glauben, dass diese simplen Gesetzmäßigkeiten tatsächlich in dieser Form funktionieren. Aber es funktioniert wirklich.

Sie haben jetzt das Rüstzeug, nicht nur die Manipulationsversuche anderer zu erkennen und erfolgreich abzuwehren, nein, Sie können auch selbst aktiv werden und andere in Ihrem Sinne beeinflussen. Warum auch nicht? Manipulieren ist normaler Bestandteil unserer Existenz und jeder sollte diese Techniken kennen und beherrschen, um nicht immer wieder in unfairer Weise über den Tisch gezogen zu werden, was ja leider viel zu häufig geschieht.

Über eines müssen Sie sich allerdings im Klaren sein: Sie werden sich verändern und Ihr Umgang mit anderen Menschen wird sich verändern. Sie werden viel häufiger merken als früher, in welchem Ausmaß man immer wieder versucht, Sie zu lenken und in eine bestimmte Richtung zu drängen. Jetzt können und werden Sie sich dagegen wehren und das ist für die anderen natürlich unbequem. Es kann sein, dass einige Menschen in Ihrer Umgebung Bemerkungen machen und fragen, warum Sie plötzlich so eigenwillig und uneinsichtig sind. Keine Panik, diese Reaktion ist völlig normal. Es ist klar, dass Sie sich nicht nur Freunde machen, wenn Sie damit beginnen, Ihre ureigensten Interessen intensiver und offensiver als bisher zu vertreten.

Keine Sorge, das legt sich bald wieder und Ihre Umgebung wird sich daran gewöhnen müssen, dass man mit Ihnen eben nicht (mehr) alles machen kann.

Wenn sich alle daran gewöhnt haben, wird man Ihnen mit deutlich mehr Respekt begegnen als zuvor. Sie sind jetzt kein leicht zu manipulierendes Opfer mehr, im Gegenteil. Sie können jetzt selbst Ihre Interessen durchsetzen und niemand kann Sie mehr so ohne Weiteres über den Tisch ziehen. Bitte setzen Sie Ihre neuen Fähigkeiten stets verantwortungsbewusst ein und treiben Sie keinen Missbrauch damit. Unethisches Verhalten zahlt sich für niemanden auf Dauer aus.

Starten Sie jetzt durch! Jetzt liegt es an Ihnen, das Erlernte auch in die Praxis umzusetzen. Sie wissen ja: Übung macht den Meister. Üben Sie täglich die sieben Gesetze anzuwenden und achten Sie täglich auf Manipulationsversuche in Ihrer Umgebung und Sie werden rasche Fortschritte beim Ausbau Ihrer Kenntnisse und Fähigkeiten machen.

Wir wünschen Ihnen viel Spaß beim Ausprobieren Ihrer neuen Fähigkeiten und viel Erfolg.